一行足迹 一泓思念

沈宝群 著

人民出版社

责任编辑：李之美
装帧设计：田杰华

图书在版编目（CIP）数据

一行足迹，一泓思念 / 沈宝群 著
–北京：人民出版社，2012.6
ISBN 978－7－01－010832－2

I. ①一… II. ①沈… III. ①沈宝群－回忆录 IV. ① K825.42

中国版本图书馆 CIP 数据核字（2012）第 074319 号

一行足迹，一泓思念

YIHANG ZUJI, YIHONG SINIAN

沈宝群 著

人民出版社 出版发行
（100706 北京朝阳门内大街 166 号）

北京中科印刷有限公司印刷 新华书店经销

2012 年 6 月第 1 版 2012 年 6 月北京第 1 次印刷
开本：850 毫米 × 1168 毫米 1/32 印张：6.125
字数：50 千字 插页：1

ISBN 978－7－01－010832－2 定价：18.00 元

邮购地址 100706 北京朝阳门内大街 166 号
人民东方图书销售中心 电话（010）65250042 65289539

1938年的沈宝群

2012年沈宝群在北京寓所

序

宝群大姐，出版寿星。九十有一，挥洒从容。暮年壮心，所为者何？一曰抒情，二曰存史。抒情者，祖国赤诚，亲人眷恋。存史者，时代画卷，人生风云。涓涓长流，从曲折中看坚韧；娓娓诉说，于细微处见精神。勤恳做事，尽心尽力；正直为人，有情有义。高处回眸，前尘追忆。彩虹夕照，书林新枝。忝列老友，先睹为快。顿首拜撰，谨表贺忱。

刘　杲[1]

年方八十，客居京城

公元二〇一一年仲冬

---

[1]　刘杲，沈宝群的老同事，原新闻出版署副署长，曾连任中国编辑学会会长。

写在本书前面的话

本书是我的姑妈在91岁高龄时写下的对家人、亲人的回忆，书中的字里行间充满着对我的姑父、我的祖父母、我的父母亲和我叔叔、二姑的真爱和无限怀念，反映了一个普通中国大家庭里常常可以看到的父母对子女的疼爱、兄弟姐妹之间的手足之情和夫妻之间的恩爱。姑妈虽不是一位作家，但是她用朴素的语言记录了她一生最难忘的感情故事，记录了我们沈家的点点滴滴，给我们这些沈家子孙留下了宝贵的文字遗产。我没有见过我的祖父和祖母，我的父母也没有来得及留下任何文字就离开了我们。虽然我的叔叔曾留下一篇对我祖父的回忆，但不及这本书告诉我们的那么多。姑妈从小就有一种巾帼不让须眉的志向，由于祖父的开明和疼爱，她像家里的男孩子一样，受到了良好的教育，就读于淮安最好的女子小学，毕业于著名的扬州中学。抗战时期，她随我的父母来到当时的陪都重庆。在同济大学医学院读过一年大学，后因病返回上海，与就读并毕业于上海圣约翰大学的姑父方莹结婚，并陪伴我的祖父直到老人去世。新中国成立后，她由家庭妇女变成职业妇女。1949 年上海一解放，她即开始在俄国人办的苏联商学院学习俄语，后在中苏友协俄文专修学校毕业。毕业后先后在华东人民出版社、人民出版社、世界知识出版社和国家新闻出版署任编辑、出版管理等工作，并于 1956 年加入中国共产党，直至 1989 年退休。她常说，是新中国给了她第二次生命，让她能为社会做事，为国家和人民服务。因此，她总想做点什么来回馈社会。作为晚辈，我以有这样的姑妈感到自豪，她为我们留下的这些珍贵回忆，是我们沈家子孙后代的宝贵财富，祝愿姑妈健康长寿。

沈　恂[1]

2011 年 11 月

[1] 沈恂，沈宝群亲侄，中国科学院生物物理研究所研究员，博士生导师。

第一篇

深切怀念我的父亲沈幼成

摄于扬州，父亲逝世前一年（1943 年）

翻看中国近代史，满目疮痍，血泪斑斑。在清王朝的腐败专制统治下，国家面临被列强肢解、瓜分的严重危机。1840 年鸦片战争爆发，清王朝大败；1858 年第二次鸦片战争发生，英法联军兵临北京城郊，1860 年火烧圆明园；1875 年日本吞并清藩属琉球，1879 年更名冲绳县；1894 年日本向清王朝直接开刀，是为甲午战争，清军战败，台湾脱离祖国怀抱；甲午战争后 1898 年引发戊戌变法，百日维新，昙花一现；1900 年八国联军打到北京。清王朝屡屡战败，与列强订立种种丧权辱国的条约。在风云变幻的国内外大环境形势下，1886 年父亲诞生，1944 年去世。他经历了中国近现代史上几次重大的历史变故，度过了平凡而闪光的一生。

一、书香世家

我们沈家世居江苏省淮安县城内东长街三角桥。祖居为一座占地较大的宅邸，有正房三进和一个三开间的大厅以及一个二开间的书房，书房带有庭院，院内栽植有一棵约需三人才能合抱的大槐树，树身高大挺拔，枝繁叶茂，郁郁葱葱，部分枝干延伸至墙外，遮盖在一口附近居民汲水的水井之上，蔚为壮观。

曾祖父是淮安当地颇负盛名的医生。祖居宅邸进大门后，二门的两扇白漆过道门上有对联一副，上联为：“处士风流水石间”、下联为：“尚书清洁衣冠后”；书房的过道门上也有一副对联，上书：“为善最乐”、“读书便佳”；大厅主梁上悬挂有两块黑底金字的横匾，上书：“著手成春”、

“青囊春暖”，由此可以看出曾祖父当归类为儒医。

曾祖父生有三子，我们的祖父是第三子。大伯祖父、二伯祖父继承父业，行医，但均未成名，且都早逝。到我记事时，大伯祖父、二伯祖父两房都已家道衰落，特别是大伯祖父一房，几乎到了捉襟见肘，生活难以为继的地步。二伯祖父有子一人，按大排行我们称他为五伯父，走科举仕途路，考上拔贡（介于秀才、举人之间的一级）后未再考上去，终其一生以开馆授徒为业。

我们的祖父名步梁，字绎成，生有两子。长子名迺恒，即六伯父，次子名迺颐，字幼成，即我们的父亲。六伯父为祖父元配何氏所生，何氏祖母生子后不久即去世。祖父继娶陈氏，生一子，即父亲，陈氏祖母也未终年。两位祖母相继去世后，祖父一家原住的靠近书房的三间房屋，又不幸失火烧掉，只好在远离祖居建筑群的后院另盖了几间房将就居住。祖父迭遭不幸，境况之窘可以想见。祖父经过商，教过私塾，均不得意。

清王朝在经过义和团运动和八国联军侵占北京后，大权在握的慈禧太后深知要确保自己的大权永固，必须博取列强的信任和向列强示好。乃于 1901 年也宣布实行“变法”，下令各省城设大学堂，各府设中学堂，各县设小学堂。在外部条件和自身处境的共同影响下，祖父参与兴办新学、创办淮安府中学堂，后又担任淮安县第二高等小学校长。祖父在新的思想指引下，顺理成章地将六伯父和父亲送往省城南京，进入两江优等师范学堂，时间大概是 1902 年。六伯父读的是速成科，学制较短，可以早日出来挣钱养家。父亲读的是相当于现在的大学本科，学制较长，估摸约在 1906 年毕业。父亲毕业后，回到家乡淮安，也从事教育工作。祖父、父亲两代人同为家乡教育事业服务，尽心尽力。我兄弟姐妹四人进入社会后，也程度不等地以学识为国效力，延续至侄辈，已是第五代，我在此文中写作书香世家，有无溢美之嫌?

二、教书育人，服务桑梓

父亲从两江优等师范学堂毕业回到家乡后，先在淮安府中学堂教书，辛亥革命后，学堂更名为淮安第九中学。父亲律己很严，教书认真负责，深得学生和家长的敬重，深孚众望。时第九中学换过三四任校长，都续聘父亲任教。20 世纪 20 年代初期，淮安县设立教育局（原来只有一个劝学所），县政府委聘父亲担任第一任教育局局长。父亲因而离开第九中学的教学岗位。当时，江苏省江北地区，两淮（淮安、淮阴）、盐城、阜宁、涟水、泗阳等近十个县当中，淮安县的教育发达程度是名列前茅的。父亲在任职教育局局长期间，苦心经营筹划，花了不少心血，做了不少事。特别值得称道的事是：打破封建陋习，让女子享有同样受教育的机会，创办女子学堂（我即毕业于女子学堂院东街小学）；接着父亲又推行男女同校。后来，县地方行政首长易人，父亲辞去教育局局长职务，赋闲在家。1927年春，原第九中学校长李更生先生被人暗杀。其时，北伐军已进抵江苏，北洋军阀做垂死挣扎，一时战事呈拉锯态势，社会秩序动乱，南京省教育厅未能及时选派九中校长的接替人员，淮阴道尹公署和淮安县政府乃敦请父亲接掌第九中学校长职务。时局动荡，父亲临危受命，面临重重困难。首先要解决学校经费不足问题。父亲四处奔走筹措经费，以偿付拖欠教职员的薪金和应付学校的日常开支。另一亟待克服的困难是：有不少原校长聘请的教师坚欲离去，父亲除竭力挽留外，又亲自去附近几个县请来十几位教师填补离去教师的空缺，从而使全校学生学业未中断，弦歌不辍。其时，北伐战争已进展至长江两岸。在战乱中如何保护学校财产的安全、应付北洋军阀乱兵对学校的滋扰是父亲需要倾全力关注的大事。有一晚，孙传芳军阀部队的乱兵荷枪实弹闯进学校，借口无住处要强行入住学校的仪器室。很明显，乱兵借宿是假，抢劫室内的贵重仪器设备是真。父亲为保护学校财产已先期住进学校，担心仪器、图书和设备用品被乱兵抢掠，亲自住在仪器室看守。当乱兵要破门入内时，父亲挡在门口，与他们争论，对峙一个多小时。后经学校其他教师找到这个部队的负责人，据理劝说，乱兵才未进入仪器室。当时父亲为保护学校仪器设备的安全，与乱兵相持争论，毫不畏惧。多年后向我们叙说时反感心有余悸。

1927 年夏秋之际，北伐军完全控制江浙两省，社会秩序渐趋安定。这时，父亲在九中岗位上却突遭人暗算，险遭不测。事后了解起因是父亲在任淮安教育局局长时，同意批准淮安县立中学开除一名行为不端的学生，现此人为北伐军的下级军官，驻在淮安，他本人不出面，通过别人对父亲进行报复。我时年六七岁，那晚父亲被挟持的情景我还依稀有些记忆。记得那晚吃过晚饭，家人都在院中，忽见有二人来到我们家，把父亲强行挟持出去。那晚，大房二伯父家的堂兄正在我们家（二伯父母已逝，堂兄生活无着，轮流在几位堂叔伯父家吃闲饭，顺带做些杂事，那天轮到我们家）。当时，他手执煤油灯，见状惊恐，失手将煤油灯掉到地上。灯盏、灯罩落地时的玻璃碎裂声，我今日回忆，仍恍觉如在耳畔。父亲被来人挟持出家门后，向城郊深处城墙走去。淮安城墙环城而建，那时还完整无损，四周寂静，空旷无人烟，环境十分险恶，是坏人行凶的好地方。幸有邻居二人见父亲被劫持，乃伸出援手尾随于后，挟持者发现有人跟随未敢下手，父亲才得脱险。时已夜深，父亲不敢回家，独自爬上城墙，走了一段路，从城墙上下来，到一位何姓表叔家住了一夜，第二日搭乘运河轮船前往镇江，躲避月余才回淮安。1928 年年初新的江苏省教育厅成立，委派了新的第九中学校长。父亲将学校财产完整地保存了下来，顺利地办好移交手续。又赋闲在家一年多。1929 年起，父亲应过去授业学生的邀请，前后在江苏省金坛、高淳、句容、阜宁、扬州等县政府当幕僚，直至1937年抗日战争爆发，辞职于同年11月回淮安，再未任职。

三、和睦、幸福、美满的家庭

父亲从1929年起离家在外奔波，生活极不安定。为使父亲能过上安定的家庭生活，同时使一直在外地求学的大哥、二哥寒暑假回家交通方便点，1936年年初我们举家从淮安迁到扬州，阖家得团圆。父亲长兄早逝，遗下妻子和两个女儿。父亲恪守中华传统的伦理道德，赡养寡嫂和两个侄女，数十年如一日。两个侄女相继长大成人，父亲先后将她们较风光地送出阁。寡嫂即六伯母和我们一直生活在一起。1940年六伯母病逝上海，灵柩暂厝沪。1942年父亲在扬州生活

贫困，仍遵从中华传统的道德规范，与方莹协力将六伯母灵柩由沪运回淮安安葬，圆满地尽到了

1936 年，我们全家在扬州寓所的合影
凉亭内左起：大哥、大嫂及小侄女、六伯母、父亲、母亲
凉亭外左起：二哥、我、大侄女、遂妹

为弟的责任。

扬州寓所是租来的。房东宅邸相当大，父亲只租了一小部分（还有一家也租了一部分）。房东家还有一个花园，规模不大，但花草、池塘、凉亭等一应俱全，房东允许我们进园游玩。1936年夏，大哥、二哥回来后父亲请来照相馆的人在花园凉亭上拍摄了一张全家福合影。这张照片跟着父亲历经颠沛离乱；父亲死后由我收藏，又经过“文化大革命”十年浩劫，竟奇迹般地保存了下来（原照现存在南宁二哥家）。它是我们家幸福、团圆生活的见证和鲜活写照。1936年是我们家的巅盛年。可惜好景不长，1937年7月日本大举入侵中国，侵略军的铁蹄蹂躏了大半个中国，我们家不得不在是年冬又迁回淮安。

四、覆巢之下无完卵——家毁、人亡、骨肉分离

我们在扬州的家比淮安旧居气派得多。有厅、有二进住房，父母亲和大哥嫂住在后进正房，六伯母和我住在前进住房，另有厨房、佣人房等，二哥在家住我屋，我和六伯母同住。木器家具等除淮安运来的以外又添置了一些新的。1937 年还添了个稀罕物件——收音机。在我看来，我们这个家是相当美轮美奂的了。1937 年冬我们家迁回淮安时又一件不落地全部运了回去。那时我们还盲目乐观地认为扬州紧邻长江，方便日本人打进来，淮安远离交通要道，比扬州安全，家不致被毁。谁也想不到，约一年多之后，父母亲等逃离淮安县城去乡下时只带出来两

只极其不起眼的柳条箱子装的东西，所有家具、箱笼细软等等全部家当都丢弃了。这无疑是国破家亡的真实写照。同全中国千千万万的家庭一样，我们这个幸福美满的家庭在日本侵略军的铁蹄践踏下就这样被彻底毁掉了。尤其令人不能释怀的是那张全家福合影上一张张笑脸的主人被无情的战火分割在灾难深重的中国的四面八方，骨肉分离，有的到死未能再相见。

1938 年夏秋前后，日本侵略军在苏北进行大扫荡，战火逼近父母亲等躲避的乡下，日军大肆抓捕壮丁。一天，刚吃过午饭，随同父亲等躲在乡下、在我们家帮工多年的男青年“小成子”被日军抓去，母亲闻听噩耗，惊吓之极，当场脑溢血暴亡。是时，日军日益逼近父亲的住地，危急之下父亲将母亲遗体匆匆下葬，又赶忙逃往别处。我 1940 年回上海后曾向邃妹了解母亲死亡情况，据妹云：临入殓时母亲的胸口还是热的。当年父母亲等在逃亡中颠沛流离的凄惨、悲苦情景，非亲身经历者难以想象。距那不堪回首的岁月已过去几十年，今日写至此，我仍不禁热泪盈眶，涕泪交流，悲愤不已，既痛母亲横遭不幸，父亲等蒙难受苦，也深切感悟生为中国人，当世世代代永记亡国之痛，毋稍懈怠强国之志。

五、凛然保持民族气节，清贫自甘

1939 年年底 1940 年年初之交，父亲在淮安乡下接到寓居上海的王姓表亲之信函，邀请父亲去沪协助其经营商业。时父亲在乡下听人说，从上海有条去大后方的交通路线，心想可先去上海再由沪冒险去大后方，以实现和两个儿子等亲人团聚的心愿。乃携同六伯母和邃妹由海路前往上海。到沪后，方知王姓表亲所云经商活动与汪伪政权有关系，实际上是经济资敌行为，马上严词拒绝，声言绝不做任何有损民族气节的事情，并及时从王姓表亲家搬出，从此不再来往。父亲从王姓表亲家搬出后的住房是方莹父亲辗转托人租下的，在法租界。1940 年夏，我因患肺结核由方莹陪同经越南、香港从昆明返回上海父亲处养病。自母亲去世后六伯母负起家务重担，我回沪后和六伯母相处了短短两三个月。总的印象，六伯母身体状况不错。不想，因天热夜间未关窗睡觉，六伯母受了风寒病倒，更未想到很快转为肺炎。当时，只觉六伯母神情委顿、懒动、嗜睡、不思饮食，体温不很高，曾延请中医来家诊治，服了汤药，不见效，没几天就去世了。后来才知道老年人生肺炎往往不典型，容易当做一般风寒来治。六伯母虽死于正常疾病，但这笔账同样要记在日本侵略者头上，日军不来中国，我们家不破碎，母亲、六伯母都不会这么早死去。

六伯母死后，父亲带着我和邃妹继续住在法租界这处房子里。我们这个家真可谓家徒四壁，除迎面的窗子外，其他三面墙分别置放了从房东家借来的三张床，屋子当中放了一张也是房东借给我们的四方桌和几只凳子，其他别无长物。这时，父亲总算有两个女儿做伴，朝夕相处，这对父亲多少是个慰藉。那时，我身体很不好，心绪很坏。父亲极力劝慰、开导我，他常说的一句话是："随遇而安"。他自己就是照此身体力行的。父亲个人感情上虽然一再受到沉重打击，但对抗战胜利充满信心，积极乐观，四处打听去大后方的交通路线，并做多方面的"走"的准备，其中就有我的行止问题。最后，我们共同商定：父亲携邃妹按打听到的交通路线冒险前去大后方，我有病不能随行，作为权宜之计，我留沪和方莹结婚，住到方莹父母家去。于是，1941 年春我和方莹回扬州老家草草结了婚。之所以去扬州结婚，是因为如在上海结婚，鉴于方莹父亲在上海大陆银行工作，势必要请客、办酒宴，要花一大笔钱，而那时方莹父亲经济上已呈现出危机征象。为此，我们结婚尽量少花钱，连我们卧室的简单家具都是租来的。我们只用我父亲赠给我的钱打制了两只金的结婚戒指，留备以后急需用钱时卖掉换现钱，主要是用做方莹大学最后一学期的学费。我们的担心不幸成为事实，1941 年年底方莹父亲投机失败，彻底破产了。

父亲送我去扬州结婚，第二天就先回上海，继续为去大后方做准备。在准备过程中，父亲忽然出现精神恍惚现象。父亲心想，如真上了路，前途险阻不会少，如精神出现恍惚，举目无亲，无人相助，如何是好？思之再三，决定放弃原定冒险前往大后方的计划，留在沦陷区等待抗战胜利。并决定从节省开支着手，第一步从租界搬到华界去住，以节省下租界地区的高额房租。当时，王姓六表婶的娘家弟弟田大叔住在华界曹家渡。蒙田大叔照顾，将他家住房顶层上面的阁楼租给父亲。1941 年秋父亲即搬来此处。阁楼面积很小，十分简陋。上下阁楼要爬一架陡窄的木扶梯。供炊事用的煤球炉无处放置，只能放在阁楼门边、连接木扶梯的一方木地板上。现在回想，不寒而栗，如失火，屋里人一个也跑不出来。但当时能有此遮风避雨之处已觉不错，安全保障等等全顾不上了。我和方莹在其父投机失败、沪寓解体、其母回扬州乡下娘家后，即前来父亲处，与父亲、邃妹同挤住在这间阁楼内。生活艰窘，常以玉米面掺白薯块煮粥果腹。父亲对方莹甚为喜爱，翁婿二人常同吟诗词、共诵古文，以打发晚上时间（白天方莹去学校上课）和自娱。有天晚上，父亲与方莹凭记忆朗诵刘禹锡的《陋室铭》，父亲对方莹说：“颜渊居陋巷，人不堪其忧，回也不改其乐。我不敢上比先贤，现在也还没有到像颜回那样一箪食、一瓢饮的地步，但我对安于清贫，却深有体会。”这番话生动有力地说明父亲虽身居陋室，生活清苦，但对生活充满热爱和期望，豪气满怀，不违初衷。这时，父亲从家乡带出的一点积蓄，经过国民党的几次币制变革和国家经济的日趋崩溃，法币已不值钱，且也所剩无几。上海物价高昂，连曹家渡这个蜗居也难以久居下去了。为此，父亲于1942年春从上海迁往物价相对较低的扬州去住。1941年年底春节前我已从上海父亲处来到扬州就食于方莹祖父处。第二年父亲和邃妹也来到扬州，我们又得团聚。父亲在扬生活极其简单节俭，十分清苦。偶尔买点肉，父亲总不忘把我叫去和他及邃妹一同吃。因为父亲知道那时方家生活也较清苦，有叫我回去打打牙祭之意。父爱深似海，想到此我又不禁泪流满面。父亲在扬州的经济来源，仅靠父亲替淮安同乡商人吴氏兄弟家的几个孩子补习数学、国文（后来邃妹为其孩子补习英文），吴家所付的酬金来维持生活。父亲在扬州的住房是方莹的表叔薛四爷从他家的老房中腾出来的，邃妹睡的大床就是原来放在屋内的薛四爷三嫂的卧床，父亲睡的小床和其他简单家具，以及日常生活用品等有些是从薛四爷家和方莹祖父处取来的。父亲对很快就把家安顿下来颇感欣慰。在沦陷区，如不为汪伪政权做事，或经商，一般都找不到工作。薛四爷无工作，孩子又多，生活相当艰难。周围邻居情况也差不多，生活都较穷苦。父亲和他们相处很融洽，也得到他们很多帮助。比如，父亲病危，不畏旅途艰险、自告奋勇前往上海接我的“小嫂子”就是父亲的邻居。父亲在扬住了将近两年，平常，除了去吴家替孩子补习功课外，即以吟诵诗词古文自娱，生活上安于清贫，心情上乐观、平和、恬静。在扬期间，父亲还欣遇前两江优等师范学堂的旧日同窗任玉岑老伯。父亲和任老伯时相过从，共话沧桑，互慰平生，给父亲晚年在扬的生活平添了几分乐趣。1944 年春父亲逝世时，任老伯挽以联云：“暮齿复相亲，同淡浮名随造化”、“故人欣有子，毋忘家祭慰神明”，清晰地描画出父亲一生清正、淡泊自甘的民族气节和生前盼望抗战胜利的热切心情。

六、抱憾而逝，终未亲见抗战胜利

父亲迁居扬州后虽经济拮据，生活艰困，但对抗战胜利抱有坚强信念，心境始终乐观、平静。恨苍天不公，1944 年春父亲忽背生痈疽。在旧中国，绝大多数中国人都缺乏医药常识，对疾病既不知预防，病来又不知如何医治。这都是历年历届政府当局不顾民生造成的。父亲本人以及我们全家都从未知道父亲患有糖尿病，同样情况，也从未知道母亲患有高血压。据邃妹后来告诉我，父亲病初起时还当是一般风寒，以为到澡堂烫烫澡，发散发散也许就好了，因而未及时就医，致使病情急剧恶化，很快夺去了父亲的生命。

1942 年父亲、邃妹迁扬后，方莹独自留在上海，另觅栖身地。靠两只金戒指艰难地读完大学的最后一学期，于 1942 年 6 月毕业。得其父旧识照看，在其开办的一家房地产公司工作。下班后，方莹去他家为其书写些应酬之类的书信和为其子女补习功课，吃顿晚饭即是报酬。后经方莹申请，老板批准将公司属下联华公寓的锅炉房楼上的一间小屋给方莹使用。于是 1943 年春夏之间，我由扬去沪与方莹相聚。因此，父亲生病时我不在扬州，父亲身边只有邃妹一人。我获悉父亲病危后，星夜赶回扬州，那时父亲已处于弥留状态，勉强和我说了几句话，第二天（或第三天，已记不真切）即溘然而逝，终未能等到抗战胜利那一天。父死，我和邃妹悲恸不已，方寸大乱，急电方莹速回主持丧事。方莹回来后在亲友、邻居的协助下稳妥地将父亲灵柩浮厝在一寺庙内，以待大哥、二哥回来正式安葬。1945 年抗战胜利后，大哥回到上海，1946年秋二哥由汉口来沪，我兄妹四人携同父亲的长孙沈恂前往扬州，在寺庙浮厝的父亲灵墓前行礼祭拜。幽冥相隔，再难亲睹父亲慈颜和聆听父亲教诲，痛何如之！后父亲灵柩正式安葬于扬州郊外墓地。距父亲去世已过去六十多年，每一思及父亲之死就不禁悲从中来，对父母双亲我未尽一天孝道，成为我的终生憾事。唯父亲清正廉明，不慕荣禄，重气节、甘清贫的高尚品德深深感染我、影响我，让我受用不浅，也必将继续指导我今后的人生。

今天，我们的国家已从国民党腐败统治下解放出来，有了翻天覆地的变化。不幸的是，我们的国家也走过了一段荒唐、曲折的弯路。历经坎坷，才千辛万苦地等来了改革开放三十年的大变革、大发展、大繁荣。今天，我们的国家已不是当年任各路列强肆意宰割的俎上肉，我们已屹立于世界强国之林，再也没人敢欺负、凌辱我们。我们中国人站起来了，但任重道远，我们还要继续发奋努力，还有很多事等着去做。这是我写此文要告慰父亲的头等大事。安息吧！那永远让我怀念的父亲！

第二篇

对大哥、二哥和邃妹的点滴回忆和无尽思念

1985 年 7 月，我兄弟姐妹四人及配偶在大侄女沈悦家
前排左起：大哥、二哥、二嫂、大嫂、邃妹、我
后排左起：陈良杰、方莹

我很幸运，出生在封建社会一个知识分子家庭，父亲比较开明，不像那时不少家庭不让女孩子读书识字。我和男孩子一样读过私塾，接着上小学、初中、高中，直至抗战爆发，一路读书不辍。我还很幸运，母亲在连生四个男孩（三哥、四哥早逝，我无印象）后才生我，“物以稀为贵”，我一出生就受宠。两个哥哥也处处让我、护我，以致养成我率性、有独立主见、不知畏惧的性格。依稀记得，我很小的时候，一次外祖父来我们家吃午饭。在饭桌上我当面顶撞（甚或是咒骂）颇有威严的外祖父，外祖父大怒（如非太过分，外祖父不至于那么生气），大声叱责我，母亲赶忙向外祖父一再赔不是，我见了才稍稍有点怕惧。母亲事后也未责备我。这些宠我、惯我的人已先后离我而去，今天我以九秩之躯回忆幼年、童年、青年的历历往事，感到无比温馨，也伤悲不已。岁月不留情，我也将走完人生旅程，趁现在记忆尚存，奋力写下这些不抵万分之一的点滴回忆，聊寄我对逝者的哀思和怀念。

一、我的大哥

大哥名沈宝书，1912 年出生，长我 8 岁。从我记事起，好似在家中就很少看到大哥的身影，他是忙于上学念书，我是忙于玩耍，不落家。他初中毕业后，即离开家乡到扬州去读享有盛名的江苏省立扬州中学。扬中毕业后，大哥又考上令人艳羡的上海交通大学机械系，1936 年毕业。毕业后一直在铁道车辆制造业和电器制造业从事技术工作。1946 年至 1948 年在美国西屋电气公司汽轮机厂、摩根水轮机厂实习和工作。

1949 年 5 月，大哥在上海参加革命工作。

1957 年，大哥、大嫂在颐和园

他追求进步，勤奋工作，几十年如一日。20 世纪五六十年代参与了新中国机械工业新厂建设的设计审查和研制 20 万、30 万千瓦火力发电设备机组的统筹规划和组织管理。70 年代后，致力于《电机工程手册》大型综合性工具书的编纂工作，并担任手册副总编辑。这部大型工具书曾获得国家科技大会奖和1982年全国优秀图书一等奖。

大哥由于学习、工作出类拔萃，在家乡亲友间声名鹊起。下面录两句我的表兄兼同学、姨父曹敏士的侄儿曹亩对大哥的赞誉。曹亩表兄在得知大哥逝世后给其堂姐曹凤桐去信，表姐将信转给我，他在信中写道："沈大哥1991年就去世，太令人惋惜，他是一位交大机械系毕业生，很有作为。"曹亩是中央电视台不久前专题报道的我隐蔽战线的杰出代表闫宝航的大女婿，爱人闫明诗在抗战期间的重庆与其父共同战斗过。曹亩对大哥的评价绝非虚诳、谄媚之语。

大哥1936年毕业后被分派到南京浦口铁路上工作，在浦镇安了家，大嫂及两个侄女也由扬州前往浦镇。这一年的寒假，父母亲携同我和邃妹郑重其事地前往浦镇探视大哥一家。在南京逗留期间大哥曾陪我们去逛了中山陵（还去了别的什么地方已不记得）。这是母亲终其一生唯一的一次旅游。

1937 年抗日战争爆发，烽火连天，大哥把大嫂等送到扬州，以便随大队人马回淮安。这是大哥和父母亲的最后一次晤面，从此家人离散，再未相见。

大哥对我这个妹妹几十年来关怀、爱护备至。我原来不叫现在的名字，封建社会男女孩不按同一排序起名。我随两位堂姐，按“福禄寿”排名，我名沈禄珍。我年幼对之无感觉。大哥觉得太俗气，又认为女孩子为什么不能和男孩子按同一序列起名，乃做主将我的名字改成现名。父亲一向开明，未表异议。我自己觉得现在的名字比原来的好听、响亮，很喜欢。从这件小事，看出大哥从青少年时代起就以长兄身份对弟妹加以无微不至的关心。

1937 年冬我们全家由扬州回到淮安后暂时平安无事。我从回去的第一天起就决意不做亡国奴，一心想及早离开迟早要沦陷的淮安，天天外出找初中同学商议“走”的事。有两位姓杨的同学答应带我一同去延安。不想他们当晚就离开淮安瞒着我走了。我继续找门路。父亲见我这样“病急乱投医”，怕出事，想赶快把我送走。适巧邻居谭四太太也拟举家去大后方，于是 1938 年春父亲和她合计好，安排大嫂、两个侄女和我与她家四口人（她母子三人和一个与我年龄相仿也是高中生的侄儿），结伴包租四辆黄包车前往徐州，乘军车（谭四太太的丈夫也在铁路上工作，较有门路，那时只有军车可乘）前去汉口。车上全是国民党军队的士兵，纪律甚好，一路上对我们毫不骚扰。

到汉口后，大哥热情接待了我。大哥汉口的住处我记忆犹新。那是一间长筒形的宽敞居室。大哥大嫂带着小侄女睡紧里面的大床，我和大侄女睡房间前半部靠窗的小床。除两张卧床外，室内还有一张类似球台的长桌和书桌等。所有家具都是房东家的。那时来到汉口的人还不很多，东西不贵，特别是长江水养肥的鲜鱼活虾很便宜，让我这个在远离长江的苏北长大的人大快朵颐，天天吃活鱼活虾。生活和和美美，战事似乎离此很远。其实平静是表相。不久，战火向武汉烧来。大哥通过身为交通银行经理的王七表叔弄来两张去重庆的船票，让我和大嫂及两个侄女先去了重庆。我们到了重庆住在旅馆里，旅馆里住的几乎全是下江人（重庆人对从南边沦陷区来的人的总称）。旅馆老鼠多得吓人，小侄女晚上脱下的小皮鞋，第二天早晨发现竟被老鼠吃得只剩一张鞋底。后来大哥随工作单位来到重庆，我们才搬出旅馆，找房子住下。我在这一年夏，离开重庆进了合川国立二中继续高三学业。我比一些流亡学生幸运得多，经济上有大哥做后盾。国立二中高中部设在濮岩寺，距合川县城、嘉陵江码头有一段路，我由重庆家中往返学校，这段路都乘坐滑竿，说明我手中不缺钱。我那时年轻无知，又不动脑子，也不想想问问大哥给我的钱是他们怎么省下来的。也就在这个冬天，大哥大嫂还替我做了一件绿色面料的丝棉袍，让我在学校穿得光光鲜鲜的。我竟没有留意大嫂是否也做了丝棉袍。1939 年夏我去昆明时，大嫂怀有身孕，患病住在医院，大哥要上班，两个侄女放在家中由保姆照看。我在看望了大嫂以后竟然不假思索地奔向了所谓的前程和爱情，坦然前往昆明。随着年龄的增长、阅历的加深，和对伦理道德、人情事理的感悟，我越来越觉得在这件事情上愧对大哥大嫂，虽然他们从未提过这件事，也没人说起过。1939 年重庆一别，直到 1946 年大哥大嫂及诸侄由昆明经重庆回到上海，睽违七载的兄妹、姑嫂才又相见。当晚我们团聚在我和方莹借住的吴家斗室中畅叙离情别愫，欣喜之至，今日回思恍如昨日。此后，我随方莹去了南京，接着方莹考进上海中国银行，我因上海无住处回到扬州。1947 年我又回到上海，住在南市，与大哥住地通北路相距甚远。1948 年年初，我肺病复发，卧床静养，与大哥虽同处一地，并不能时常聚首，有时相晤，也只互报平安，于愿足矣。

1949 年 5 月上海解放。我开始学习俄文，从此走上以翻译、编辑、出版为专业的革命道路，1951 年进华东人民出版社，1952 年随方莹先后调来北京。大哥仍在上海工作。约在 1952

年、1953 年之际大哥时常来北京出差。每次来北京，都来看我们，常是下班后先去中国银行见到方莹，偕方莹同来人民出版社见我，然后带我们外出吃晚饭。那时北京像样的餐馆很少，记得大哥曾带我们去过东单附近的一家开在胡同内的饭店，后来这家饭馆成了北京相当有名的私营饭庄。方莹来北京后，中国银行未给我们分配家属宿舍，而是让我们住在前门李铁拐斜街的留香饭店。那时北京没有几家高档宾馆，留香饭店属于上档次的，因而管理很严，不准住户用火，连煤油炉都不许用。很长一段时间，我们中午在单位食堂吃饭，晚上及节假日就得到处打游击，生活很不方便。大哥每来必带我们外出就餐，既亲人相见，又解决了吃饭问题。饭后去大哥住处东四附近的“北方饭店”（随着北京城市建设的发展，这家饭店早无踪影）坐坐，说说话然后告别，心中有说不出的舒坦。

1953年前后大哥也调来北京，大嫂及侄辈随同前来。先住在宣武门外香炉营头条32号，后搬进复兴门外汽车局的一机部宿舍。我们这时也已搬出留香饭店，住进西单报子街中国银行宿舍，离大哥住处很近，相互来往较多。大侄女沈悦就读于俄文专修学校，离报子街很近，也常有走动。1957年邃妹随陈良杰亦调来北京。二哥虽仍在广西，但不时来北京出差。我兄妹四人聚首的机会比以前多得多了。但政治风云迭起，"三反"、"五反"、"肃反"、"反胡风"、"反右"、"反右倾"、"大跃进"、"大炼钢铁"等运动一个接着一个，我们参加了各自单位的运动，接受考验和锻炼，无形中彼此来往日益减少。1966年以后"文革"浩劫登峰造极，我们分别在各自单位身受各种各样磨难和考验，大哥受到深重打击，我先被定为犯路线错误，后被诬为“516”，在干校接受批斗。在此期间我未和大哥交流过思想，更未互慰互勉过，而是自己画地为牢，听凭命运摆布，现在想起来，我们是多么愚蠢弱智啊！

1976年“四人帮”垮台，1978年十一届三中全会后，解放思想，改革开放，“文革”被否定，全国欢腾，我们多么想把失去的十多年宝贵时光追回来，但光阴不能倒流，逝去的岁月再也追寻不回来了。大哥和我都已到退休年龄，我们相继退出历史舞台。

不幸的是，大哥从20世纪80年代开始疾病缠身，1987年起日益加重。1988年因脑血管病而不能作一语，但神志清醒，我常去看望他，问他还认识我否，他眼含热泪，颔首示意认识，我见之心如刀割，徒唤奈何！1989年起大哥卧床不起，病情日重。1991 年 3 月 21 日我去看望大哥，知悉已多日不能进食；5 月 1 日再去看望，大哥更形委顿，我问知我是谁吗？大哥点点头并紧握我的手不放。谁知这一握竟是我们兄妹的永远诀别。之后，大哥几种并发症发作，昏迷不醒。9 月 4 日在复兴医院逝世。一代精英，黯然凋谢。9 月 7 日我随侄辈送大哥至八宝山作兄妹的最后一别。写至此我忍不住潸然泪下，悲恸不已。2008 年，我遭遇家庭非常变故，万念俱灰时是大哥之子恂侄的一句话给了我面对逆境、重塑人生道路的坚强力量。其实恂侄的话很简单，他对我说："我如不管你，对不住我的父亲"，让我猛地觉得冥冥中大哥似乎还在呵护着我这个受惯宠爱的妹妹。两年来我时刻记着我的使命，怀着一颗感恩、感激的心，多做有益的事情来回报国家、社会、他人，从而度过有价值的余生。

大哥去世后我和大嫂时相往来。一次，大嫂为伫盼我的到来在楼下立等很久，我们姑嫂感情之深可以想见。我和大嫂相处近七十年，从未红过脸，越老越相知，我们常在一起说些知心话。大哥患病十年，卧床十年，大嫂辛劳看护十年。不想大哥逝世后仅过去九年，大嫂也一病不起，于 2000 年 6 月 2 日去世。她走前两天，5 月 31 日我去医院看望，大嫂一见我，即清醒地说："大姑来啦!"我听了，心中暗喜大嫂还不至于怎么样，不想只隔一天大嫂就急匆匆地走了。从此同辈人中再也没人跟我说知心话了。一哭!

二、我的二哥

二哥名沈宝琦，1915 年出生。1940 年西南联大经济系毕业。他于 1934 年省立扬州中学毕

1990 年，二哥、二嫂金婚纪念照

业后考进天津南开大学，享有全额奖学金。约一年后，二哥由南开转学到清华大学。他思想进步，在清华加入抗日民族先锋队，“12 · 9”运动期间二哥曾参加北平学生南下请愿团。

淮安老家书房中有不少进步书籍都是二哥买回的。记忆中，这些书中有翻译自苏联的，如

《母亲》、《安娜 · 卡列琳娜》、《死魂灵》等，还有斯诺最早的中文版《西行漫记》。我最初接触的《西行漫记》就是二哥买回的那本。可以说，二哥是我解放前后能具有向上的、进步思想的启蒙人和参加革命后一心向往共产党的最初引路人。记得“七七”事变爆发后，二哥从清华给我寄来《抗战歌曲》的歌片好多札，让我在扬中推销，进行抗日宣传。歌片都是令人激奋的、鼓舞抗日斗志的歌曲，有《松花江上》、《义勇军进行曲》、《毕业歌》、《五月的鲜花》、《大刀进行曲》、《大路歌》等。这些歌片我通过同班同学王维邦（抗战中去了延安）都卖掉了。我们兄妹有幸为抗战尽了一点点微力。

小时候听母亲说，二哥幼年身体很差，一次几乎病死，是家中的一个老保姆把二哥捂在她怀中几日才缓了过来。在我记忆中父母亲曾给他买过淮安罕见的盒装的炼乳，每早吃一盒，也没见他吃多久，身体一天天好起来了。二哥年轻时，用现在的话说，相当“帅”，我们家那张全家福合影可以作证。

1937 年 7 月抗日战争爆发，二哥当时在北平清华大学。之后，他随学校前往长沙，进了由北大、清华、南开三校联合成立的长沙临时大学。不久，抗战节节失利，12 月 13 日南京沦陷，武汉告急。学校要再次迁移。1938 年 1 月教育部同意临时大学搬到昆明，该校迁至昆明后更名为西南联大。二哥未去昆明，为投身抗日洪流，他在长沙参加了战地随军服务团；后随服务团去了西安。

1939 年夏秋之交，二哥离开西安服务团来到昆明，进西南联大，继续完成清华大学经济系的未完学业。那时我和方莹也在昆明，我在同济大学附中读高三的最后一学期。方莹 1938 年考取西南联大，由上海来昆已一年。我和二哥分别两年多，现喜得重逢。昆明所辖大学区范围不大，我们几乎天天见面。后来成为我二嫂的洪宝芸辞去服务团的工作，也由西安来到昆明，在黑龙潭的一个医疗单位工作。她的三弟洪叔文在宣威工作，常来昆明。我们的表兄郭雨苍在铁路上工作，也调来昆明。一有时间，我们就分别凑在一起，他乡遇故知，更何况是在战火纷飞的年代，能得晤面都很快慰。

1939 年我考进同济大学医学院。不到一年，约在 1940 年夏我不幸罹患肺结核，病势迅猛，不得不辍学回上海父亲处养病。方莹送我回沪，原来打算再回昆明，不意日本侵略军于 1940 年 9 月占领越南，滇越铁路被封锁，断绝了回昆明之路，方莹只好转到上海圣约翰大学，这是后话。我离开昆明的那个晚上，二哥送我至旅馆（便于第二天早晨赶火车，故住旅馆），我睡床上，二哥和方莹同卧地板上，都未睡好，那一夜的情景我永远忘不掉。我和二哥别后直到 1946 年才又相见。

1940 年夏，二哥从西南联大毕业。经联大同学、桂林交通银行经理李钟楚之子介绍，去桂林进交通银行工作。二哥偕洪宝芸离开昆明，一路设法搭乘便车辗转到达桂林，到交通银行报到。从此，他先后在广西、河南、湖北等省的交通银行，解放后的建设银行工作，辗转几个地方，最后落脚在南宁广西自治区建设银行担任副行长，并于“文化大革命”前 1956 年参加了中国共产党。二嫂洪宝芸随二哥在当地的医疗单位工作，并先于二哥参加了共产党。

我和二哥由于不在同一地方工作，聚少离

多，只在他们来京时聚一聚。他们来京也是我们兄妹四人欢聚的时刻，其中最引为盛事的是1985年7月二哥二嫂又一次来京，28日侄女沈悦邀约我们四兄妹连同各自的老伴去她家吃晚饭。饭后拍了一张八个人的合影。这是一张人物最齐全，影中人健康状况最佳，心情最愉悦时留下的倩影。此后，江河日下，风光不再，影中人的健康状况程度不等地一天不如一天，今日重睹此照，不胜慨叹！

1988年4月清华校庆，二哥前来祝贺。到京的当天，他在我寓住了一晚。那时方莹已去厦门集友银行任顾问。是日下午我陪他去肿瘤医院看望刚做过肺癌手术的陈良杰。回程去了崇文门菜市场，买了菜回家一同烧菜，共进晚餐。第二天他才住到清华安排的招待所。这是二哥最后一次来北京，也是我兄妹的最后一次晤见。

除“文革”那段特殊时期外，我和二哥书信不断。他的来信给我印象比较深刻的有两点。一是二哥非常重亲情，深切怀念逝去的双亲。1992年10月26日我整理冬衣时，无意中在箱底发现1936年我们全家的合影照，我喜出望外，如获至宝，赶紧翻拍多张，分送大哥、邃妹两家，原照寄予二哥保存。二哥于同年12月8日来信写道：“寄来1936年我们当时全家的照片，已于昨日收到，我们都很高兴，特别是偿了我多年的心愿。我立即以相框装好，挂在我们卧室的墙上，我们得以朝夕瞻仰，聊慰哀思。可惜大哥已经去世，不然，他一定也是很高兴的。”二是二哥非常重手足情。1993年1月6日他在信中写道：“近接吕菊倩信，道及曹大姐对邃妹身体情况甚为担忧，也使我心中感到不安。”二哥在这封信中同时写道：“邃妹为人一贯软弱忧郁，良杰去世，对她打击很大。你们在京，可能范围内能常去看望，或可消解她的寂寞忧愁，她很少写信，盼你们能来信告知情况为盼。”1996 年 2 月 1 日来信又写道：“我总想到邃妹在抗战期间跟随父母、伯母颠沛流离，尽孝送终是很艰难而痛苦的。你们是否有可能与大嫂共同商量，平时尽可能对邃妹多加关心并适当告知她的近况，以免挂念。”担忧、挂念邃妹之情跃然纸上。二哥谆谆敦促我多多照看、关心邃妹，我虽尽量努力多去看望邃妹，但总因家中私事、烦心的事层出不穷，做得很不够，有负二哥的谆嘱。二哥因记挂邃妹连带想到曹大姐母女境况不宽裕，感念二姨母一家在我们父亲去世后热心接待邃妹两三年，心存感激，乃于 1993 年起每年资助曹大姐一些钱，直至 1997 年因病失忆才终止。我在二哥的启发下，从 1996 年起每年资助曹大姐一两笔钱，曹大姐去世后，继续资助其女吕菊倩。感恩图报是中华美德，我和二哥只是在尽做人的本分。

二哥又是个豁达、风趣、健谈的人，和我以及方莹、沈恂、沈悦都谈得来。1973 年深秋我从江西干校调回北京，特地转车去广西永福探望二哥二嫂。那时他从干校调至永福担任建设银行副行长。从自治区建设银行的副行长降为永福三等小县的支行副行长，显然，这是他“文革”中所受迫害之延续。他在永福住在两间（或三间我未细打听）小平房内，自己洗衣做饭，自己踏板车去火车站接我、送我。二嫂告诉我，“文革”中二哥被责令天天扫街。其时南宁发大水。一天，劳动时脚被碎玻璃扎伤而感染，发高烧，几乎不治，后果不堪设想。“文革”期间广西是武斗重灾区，二哥一家吃尽苦头。

1981 年二哥在党校结业时，于 1 月 5 日写信给我，说对新中国成立以来所犯错误和经验教训能予理解，对老中年知识分子能从此得以心情舒畅，充满企盼和欣慰。所有这些都凸显了包括二哥在内的中国知识分子爱国爱党的宽广胸襟。那时他虽然已落实政策，党籍恢复了，工作恢复了，级别恢复了，但对十年下放（干校和永福小县城）仍有抱憾情怀，这在他 1 月 5 日信中有所表露，他自嘲是发牢骚。

真没有想到像二哥那样一个乐观开朗、能说会道、知识面广的人会患老年痴呆症，1997 年前后判若两人。1995 年 2 月 16 日吕菊倩来信说："二舅是老了，一个月来四封信。"我虽觉有点不正常，但未当回事。他 1996 年 2 月来信对邃妹的关心、挂念还那么诚挚、细致。怎么一年后就变得像另一个人呢！ 1997 年 10 月 12 日他给我写了最后一封信。从此不仅不能写信，连电话都不能接听，与他交谈，词不达意，答非所问，说了半天话，不知打电话的是谁，一再追问你是谁。痴呆程度发展相当快。2001 年 7 月 6 日侄女洪愚来电话，说二哥连二嫂都不认识了。再以后，生活不能自理，神志恍惚，行为荒诞，都相继出现。2005 年 1 月 29 日死于并发症肾衰竭、呼吸衰竭，再过 4 天就整 90 岁。又一个爱我关心我的哥哥走了。相隔千里，我竟未能和二哥见上最后一面，这将成为我的终生憾事。现在，二嫂在子女的照顾下生活安详、平静，二哥可以安息了！听侄女沈忻说二哥在未病前留下的遗嘱中叮嘱儿女好好照顾母亲，这合乎二哥待人接物的一贯表现，更何况二嫂是和他相濡以沫、相亲相爱近七十年的终身伴侣呢！

三、我的妹妹

妹名沈宝邃，1922 年生，1999 年去世。

妹为人心地善良，生性柔弱胆小，毕其一生不与人争强斗胜，是父母的乖乖女，是典型的贤妻良母型的东方女性。

妹比我小两岁，自幼随着我行事，即使在外面和堂姐妹们一起玩耍，她也默默地跟在我后面，行止随着我。在家中她不多言多语，不声不响地整日依偎在母亲身边。从小到大她一直睡在搭在父母亲房中的小床上。我则喜欢独处一屋，有属于自己的空间。

妹幼年身体健康，不记得生过什么病。但在她上小学时生了一场伤寒大病。当时淮安的医疗条件差，母亲日夜精心看护，也是邃妹命大，居

1987 年，邃妹寿辰与良杰合影

然活了下来，可说是九死一生。病好后她满头头发全部掉光。因病停学一年。1936 年我们全家搬到扬州时，我读高二，她还在读初中（扬州县中），大概是初二。

家中只有我们两个年岁相差不多的女孩，照说应该有说不完的悄悄话，可是我们却交流很少。究其原因，一是我独立性较强，关心她不够，二是她似乎也没有什么想向别人吐露的心声。到晚年，我们姐妹交流时也常是我说得多，她静静地听，有时插几句话，这就是她的秉性。

现在觉得，父母对待我们俩有意无意之间显然有所区别，说父母偏心又不像，因为父母亲对邃妹也十分疼爱，可能是父母亲觉得她比我小，又听话，不管父母怎么说怎么做她都不会有意见。下面的事例可以为我的揣测作佐证。1936年寒假，父母拟携带我们姐妹随他们一同去南京探望大哥一家。去之前，父母亲郑重其事地做了准备，其中之一是制作大衣。一开始，父母只替我做了一件棕色的呢质大衣，未替邃妹做。后来不知出于什么考虑，父母也替邃妹做了一件。但无论是面料的质地、花色，或是大衣的做工、式样都比我那件差。邃妹对此自始至终未表示过自己的意愿，一切随父母安排。这就是我那善良的、一贯与人无争的妹妹。

1937 年抗日战争爆发后，我们全家搬回淮安。我怀着沉重的紧迫感不安于滞留在早晚要沦陷的家乡，四处找门路，以求早日离开淮安。邃妹仍和平常时候一样，不声不响，安安静静地陪伴在父母身旁。当我随大嫂、两个侄女和邻居谭四太太一家动身离家时，邃妹和父母一起送我们启程。在我的记忆中搜寻不到一点有关邃妹当时是何表情的印象。那是 1938 年春的事。当年夏秋之交战火烧到淮安，父母亲及邃妹等匆忙弃家离开县城躲避到乡下。日本侵略军在四乡进行扫荡，父母等东躲西藏，一次母亲在惊吓中突发脑溢血而暴亡。父亲于悲痛中将母亲遗体匆匆下葬，又慌忙逃往别处。邃妹跟随父母颠沛流离，惊恐、伤悲、凄惨、痛苦的情状，非亲身经历者难以想象。邃妹年龄最小，对母亲之故世却独担尽孝送终的重任。多年后当我们得知母亲惨死的噩耗时，悲痛之余对幼妹为我们尽孝的情谊满怀感激之忱。

1940 年春，父亲、六伯母、邃妹经海路来到上海。是年夏，我由昆明来上海父亲处养病。同年夏秋之间，六伯母又逝世。父亲有意冒险去大后方两个哥哥处。为方便父亲放心成行，1941 年春，作为权宜之计，我和方莹草草结婚。后父亲因身体关系未走成。受经济所迫，父亲从法租界迁往华界曹家渡住在一位亲戚借予的一间陋室中。1941 年冬，我和方莹因其父投机失败、经济崩溃，来到父亲处，我住到春节前回扬州，方莹仍栖身父亲处，以便完成他圣约翰大学最后一学期的学业。我未离开时我们四人挤住在这间不足十平方米的陋室中，父亲和我姐妹俩分别睡在两张小床上，方莹打地铺睡在地板上。生活上邃妹为主，操持一日简单三餐。方莹早出晚归，晚上常和父亲同吟诗词、共诵古文以自娱，翁婿亲如父子。我们生活虽然艰苦，但和睦相处，也其乐融融。由于上海物价高昂，父亲于 1942 年春也搬到扬州。我和父亲、邃妹又得相聚。1942 年方莹大学毕业，好容易在其父故旧所开的一家公司谋得一职。他为老板一家业余无偿服务将近一年，1943 年分给他一间小屋。我于是年春夏之交，才得以由扬来沪与他相聚。父亲和邃妹仍居扬州，为一位同乡商人家的小孩补习功课，父亲补习国文、数学，邃妹补习英文，从而获得一点维持简单生活的收入。邃妹侍奉父亲，一同艰难度日，以待抗战胜利，两兄回来，阖家团聚。恨老天不开眼，1944 年春父亲忽背生痈疽，不治而亡。父亲病发时，身边只有邃妹一人，病危我才知悉，赶回扬州没两日父亲即抱憾而逝，终未能亲眼看见抗日战争的胜利。

父亲死后，邃妹一切唯我是依。我责无旁贷，唯有携同邃妹一同去沪一途。这时居住在济南的二姨父母来信热情地表示可接邃妹去济南和他们一同生活。我接信，真如久旱逢甘雨，感激不尽。随即在扬州找一妥当的熟人一路护送邃妹到济南姨母家。我和方莹送邃妹到浦口，亲见她上了火车，我们方回上海。实话实说，那时我和方莹在上海的住房比当年父亲在曹家渡的陋室还要小。我们两人睡的是张大的单人床，即使这样，屋内余下的空间也只能放一张折叠的小方桌、一只小的竹书架和两把坐椅。另外还有一个小卫生间。我真想不出邃妹来后如何安放她的睡铺。但姨母未来信前别无他法，只好先同去上海，走一步看一步，慢慢想办法。姨母一家的恩情我永世不忘。邃妹在姨母家生活了两年多。1945 年抗战胜利。1946 年大哥回到上海，是年夏姨父通过熟人，安排邃妹乘军用飞机飞来南京，转往上海。从此邃妹回到了家人身边。不久，二哥由武汉来到上海，我兄妹四人去扬祭拜父亲亡灵后，邃妹即随二哥去武汉。

邃妹到武汉后进了交通银行，约在 1947～1948 年间调来上海交行工作。银行分给她一间单人宿舍，我去过她的住处，感到很不错。她那时给我的印象是精神极佳，人也变得较前开朗，衣着入时，风姿绰约，用现在的话说，很“阳光”。我很为她高兴，欣慰之至。1948 年经大哥介绍，她与陈良杰结婚，婚后同回湖南。

陈良杰原籍长沙，1917 年出生。1940 年毕业于湖南大学。1946 年 9 月至 1948 年 1 月在美国西屋电器公司实习，回国后在湘潭电器厂工作。1949 年 8 月参加革命工作，是我国模具行业一位有声望的老专家，不幸于 1990 年 8 月因病逝世。

邃妹与良杰结婚后辞去上海交通银行的工作，随良杰去了湘潭。后又随良杰去了东北。先后在哈尔滨、沈阳生活过。1957 年良杰调来国家一机部电器科学研究院工作，邃妹随同来京，从此未离开过。她先在电器科学研究院做翻译工作，后调至北京市 23 中、142 中（地坛中学）担任财会工作。工作之余相夫教子，是位好妻子、好母亲。

良杰之死对邃妹打击很大。起初，她精神状态、身体状况均未显现任何异样。良杰死后 4 个月，1990 年 12 月下旬，邃妹的脑血管忽然出现问题，有中风症象，儿女及时送她至海军总医院诊治。我得知她患病，于 12 月 23 日去医院探视，见她言语清晰、行动自如，甚为欣慰。一个月后出院回家休养。她每晨锻炼身体，绕宿舍住地首师大附中的大操场快步疾走约半小时左右，身体状况日趋佳境。我不时去看望她。1992 年 2 月 5 日我又一次去她家，她和我谈了好一阵话，其中包括外甥陈建婚变之事。精神、情绪都甚佳。9 月，曹大姐女儿吕菊倩来京，邃妹操持安排她和大嫂及我晤面、聚会。10 月 2 日，沈恂侄邀约我和方莹及邃妹母女去他的新居聚会，大家相见，接谈甚欢。可见，一直到 1992 年年底邃妹各方面的情况都很好。1993 年春，悦、恂、怡三侄偕同我和方莹一起前往故乡淮安访问和瞻仰父母亲的故居。邃妹未同去，原因是她一向好静不好动，并非是由于身体有病，出行不了。也就是从这一年开始，她的身体健康状况日益走下坡路。到 1994 年 11 月，恂侄介绍的专家诊断邃妹大小脑均有病灶，系初期的老年痴呆症。病况逐步明显。

1995 年 3 月 16 日大嫂的姐夫储有智从台湾来大陆探亲，沈悦设家宴款待他，我和方莹及邃妹应邀去和储见面；3 月 26 日储有智临别宴请亲友，邃妹亦到场。两次聚会时邃妹虽行动尚自如，但神情呆滞，举止有时失常，情况令人忧虑。同年 10 月我们搬来大柳树新居，曾分批请亲友来新居便饭。10 月 28 日请邃妹前来。方莹在这天的日记中写道："宝邃、小付父子及保姆来午餐。宝邃衰老不堪，较半年前储有智来时更加恶化，反应迟钝，语言不灵，上我家的一层半楼亦显困难。"1996 年年初方莹因脑血栓住同仁医院诊治，后又两眼分期进行白内障手术，前后住院三次，因而我去看望邃妹的次数明显较前为少，但对妹的身体状况时在念中。1996 年 2 月

25日沈悦侄女电话告知我她正月初四去看望邃妹的情况。她说邃妹现在的情况和她爸爸（即我大哥）的中期病况差不多，即在室内已不能行走，生活基本要人帮助。我闻之甚感凄怆。是年9月6日我随大嫂、沈悦同去邃妹家探望，她一人在家（小时工做完午饭已走），大门不锁，妹步履艰难，老年痴呆症状已甚明显。但情况尚未到完全绝望之时。1997年1月31日我去看望邃妹，感到情况还好。谁知病情逆转，发展迅速，到年底已完全不似年初景况。12月27日方莹日记上写道："群去陈敬家，宝邃老年痴呆病况明显，较今年年初愈形衰老，睡眠已不能穿脱。"生活已完全不能自理。1998年陈建回国探亲，6月23日上午沈悦陪陈来我们家便饭，谈邃妹病情，一致认为除加价雇保姆照料外，别无良策。方莹在当日日记中写道："陈离家八载，全为探视其母，千里归来，最多个月后又将黯然离去，情殊可悯也。”可见，所有亲人对邃妹之病已均束手无策。迁延至1999年年初，2月3日外甥陈斌告知邃妹病重，已住进和平里医院，沈悦、沈恂和我得讯后立即赶往医院，在急诊室见到邃妹躺在床上，双目紧闭，昏迷不省人事，睹之心酸。陈明等兄妹三人俱在，医院告知已回天无术。我怀着惴惴不安的心情黯然回家。2月7日上午陈斌来电，告知邃妹于6日晚22：10去世。一个终生不与世争、不与人争、极其善良的人就这样默默地走了，痛何如之！

第三篇

美好的记忆，无憾的人生

——哀念亦夫亦友方莹

1941 年，我和方莹的结婚照

我与方莹1935年相识，1941年结为夫妻。2006年方莹去世，瞬忽间时间已经过去五年，再相见，唯梦中。我现年过九旬，趁目前尚头脑清朗，记忆明晰，勉力写下我和方莹所经历的同荣辱、共甘苦、无愧无憾的人生旅程。让这些文字伴我度过余生，使我从中为自己的生命价值增添些许营养。当然，也包含我对方莹的告慰。

一、相知相扶七十年，不离不弃

1935年我由淮安来到扬州，考进扬州中学高中部德文班（此为扬中与同济大学合办，毕业后直升同济大学），方莹为普通科甲班（尚有乙班），和我同级不同班。我时年15岁，他16岁。全年级女生人数很少，三个班加起来不足十人。当时风气为男女虽同校，但不讲话、不往来。实际上男女生相互默契，男生暗中留意女生，给女生起绰号，男生中谁功课好，女生也都知道。方莹在校中有较高知名度，因为他功课好，几乎门门功课在同年级中都是前几名。我隐隐约约知道有些男同学在注意我，但未想到其中有他。1936年我全家由淮安迁来扬州。慢慢地我发现每日放学回家时，常有一个男同学和我拉开一段距离，默默地跟在我后面把我送到家，自始至终未开口和我讲过话。这个男同学就是方莹。这情况维持到 1937 年 11 月扬州中学解散，我全家又搬回淮安为止。那时抗日战争烽火连天，青年男女各自忙于设法逃离即将沦陷的地方，无暇罔顾其他。我自思忖，我们这段默默的相识相慕的情谊大概也就到此为止了。

1938 年春，我随大嫂前往汉口大哥处。不久，武汉会战在即，我又随大嫂撤往重庆。稍后，大哥工作单位亦迁来重庆。有一天，大哥带回滞留在淮安的父亲转来的一封按老家地址寄给我的信，寄信人竟是方莹。这是他写给我的第一封信，也是他第一次向我表露爱意。我喜出望外，很快给他回了信。他已随其父辗转去了上海，在民立中学继续高三学业。这样，我们才从默默两相知相慕中走向真正的恋爱之路。那个年代男女青年表达爱情的方式，今天的年轻人会认为傻得可笑，但那是经得起时间考验的纯真爱情，弥足珍贵。

1938 年夏，我在重庆得知扬中校长周厚枢先生担任刚在合川成立的国立二中校长，原扬中学生均可入学。我乃进了国立二中继续读高三第二学期。其时，同济大学已在昆明复校。1939 年 6 月，我和另外三位原扬中德文班同学结伴经贵州前往昆明，去就读同济大学附中。方莹于

1938 年的方莹

1938 年由上海考进西南联大，已在昆明。我们劫后重逢备感欣慰。到这时我们才第一次面对面交流。1939 年夏我从同济附中毕业，进同济大学医学院学习。好景不长，1940 年夏不幸降临到我的头上，我患上了当时视为绝症的肺结核。病势迅猛，我不得不辍学去上海到刚由家乡来上海的父亲处养病。

我和方莹在昆明相聚一年，感情日深。他得知我患病后不仅不嫌弃我，还毫不犹豫地自动背上送我回沪这个沉重包袱。由昆明去上海只有走滇越铁路这条路。那时，越南还在法国统治之下，铁路按法国人办法管理，晚上火车停驶，到站让乘客下车自寻旅馆住宿，第二天再走。以我孱弱之躯，路走不快，如何能找到旅馆呢？方莹想出办法。离开昆明前，他特地买了把长柄的洋伞。他和我约好，晚上火车到站，他先下车，快步向前去找旅馆，他一面走，一面高举洋伞，让落在后面慢慢走的我看见洋伞，跟着洋伞走就不致迷失方向。一路上我们就按此办法，既找到旅馆及时住下得到休息，又未失散。此情此景一想起来就呈现在眼前。写到此我禁不住泪如泉涌，碧落黄泉君先去，我再也看不见高高举起那把洋伞的人了。

到上海后，我回到我父亲处。方莹回到在大陆银行工作的他父亲处。很多年以后，他才告诉我，他送我回沪后他的家人反对他继续和我来往，并为他物色了一位女朋友，对方他以前见过、认识，是和他家有世交的一位长辈的女儿，人也长得不错。我那时患的是不治之症，能否活下去都很难说，他正青春年少，前程似锦，和我这个病人确实不般配。他放弃我另觅佳偶完全说得过去。退一万步说，他可以逐渐淡化和我的关系，直至完全退出我的视野亦无不可，道义上不负一点责任。而他都未做。却是坚决拒绝他家人的意见，和我继续来往，不离不弃。甚至 1941 年为了让我父亲放心前去大后方与两个哥哥团聚(后来未走成是我父亲身体不适的缘故)，而和我结婚，由他继续照顾我。1947～1948 年间我肺病复发，他仍一如当年，为我的康复，悉心安排饮食调理，关爱备至，直到我完全康复。对于他的这种道德情操和忠贞不贰的爱情观，我是既感激又钦佩。

方莹送我回上海后，因 1940 年 9 月日本占领越南，封锁滇越铁路，断绝了回昆明之路，而转学到上海圣约翰大学。1941 年我们作为权宜之计结婚后，我随他与他父母住在一起。同年年底他父亲投机失败，丢掉工作，经济彻底破产。沪寓解体，他母亲回到扬州乡下娘家。我和方莹住到我父亲处，拟等方莹放寒假即同回扬州他祖父处。我这里要说的就是在回扬州的火车上发生的令我永远不能忘却的、暖我心窝的一件往事。那是日本侵略军在沦陷区肆意蹂躏、凌虐中国人的时代。由上海到扬州须乘从上海到南京的沪宁线火车。一些在日军暴政下走投无路的中国穷苦老百姓为了生存，冒着生命危险通过火车等方式跑单帮，偷带些例如大米等紧俏物品到大城市去贩卖，赚点血汗钱，因此火车上常是人满为患，非常拥挤。我们就是在这种情况下挤上了火车。至今回想不起来，上了火车后我怎么会有个座位坐下来？是哪位好心人让给我的？一直是个谜。

方莹上车后站在我身前，和我说说话。到了晚上，他圈起双臂让我趴在他手臂上假寐。我居然睡着了。也不知睡了多久，醒来发现方莹竟是保持这个姿势让我趴在他手臂上睡了不短时间。我见状感动得真想放声大哭，但满车厢人挤人，想哭都找不到地方。

1942 年 6 月方莹大学毕业后，日据时期为私人资本家做事，饱受屈辱；抗战胜利后为国民党做事朝不保夕，无尊严可言。我们俩同甘共苦，互勉互慰，在失落、迷茫中等到全国解放的到来。解放后各自在自己的岗位上尽心尽力做好本职工作，无限欢欣地面对自己的新生。20 世纪 80 年代，我们先后退休，步入晚年。方莹身体健康状况日益下降，糖尿病、心脑血管病、哮喘相继袭来，并日趋严重。有的病方莹已与之抗争了几十年，如糖尿病，1960 年即找上了方莹。

我虽然青年时期患有肺结核，但到晚年健康状况总的来说比方莹为佳。在疾病医治上、生活安排上多多关心他、照顾他，为他分忧解愁是我的责任。我们相互扶持、鼓励、相濡以沫，在人生旅途上坚强地一路走下来。不幸，2006 年 4 月他丢下我，独自先走了。

2003 年 6 月，我和方莹在北京寓所

二、同心协力、共克时艰，黑夜过去曙光在望

1938 年夏秋之交，我父母亲从淮安县城逃难到乡下，母亲在日本侵略军对苏北进行的大扫荡中惊吓暴亡。1939 年冬 1940 年春间，我父亲在上海一位亲戚的诳骗下来到上海。这位亲戚写信邀约我父亲去沪协助他经营商业，父亲到沪后才知他所云经商，和汪伪政权有关系，实际上是经济资敌行为。我父亲知情后严词拒绝，声言绝不做任何有损民族气节的事情。从此赋闲在沪，经济日益困窘。为紧缩开支，我父亲由租界搬到华界曹家渡去住。太平洋战争爆发后日本侵略军占领了整个上海。日军对华界滥施淫威，动不动分段实行封锁，禁止老百姓出入居所。1941 年

我父亲的曹家渡住地遭此噩运。时方莹父亲家已解体，我和方莹前来我父亲处，没几天即遭封锁。我们原计划，一等方莹放寒假即同回扬州。现被封锁出不去，既回不了扬州，我们两人还要分食我父亲和邃妹原本就不富裕的食物。我们心急如焚，情急之下，想冒险跑出去。一天下午，由一个类似蛇头的人带领我们俩和其他几个人一同走出不准进出的弄堂，向马路对面未被封锁的地方跑去。很快，我们被驻守在附近的日军一个个抓了回来。进屋，日本侵略军二话不说把所有男人一个接一个痛打一顿，方莹也被打。对女人还算客气，我未被打（我已做了被打的思想准备）。打后把我们关在一屋，扬言将移送到什么地方（具体地方已想不起来）。没过多长时间，突然把我们全放了。原来，日本人已决定那天解除封锁，万恶的日寇在解除封锁前几小时还不放过凌虐中国人的机会。这就是活生生的民族仇、亡国恨。忘记过去就意味背叛，我到死都不会忘记这桩事。

日据时期，老百姓如不为敌伪做事，又没钱做生意，要混口饭吃，就得忍受资本家的剥削和屈辱。方莹大学毕业后，好容易在其父的银行旧识所开的联华房地产公司谋得一个小职员位置。白天他在公司上班，下班后即去老板家为他的几个孩子补习功课，报酬是招待吃顿晚饭。饭后，老板如有事交办就再留下来做些像替老板写无聊的应酬信之类的琐事。方莹的业余时间几乎全归老板支配。不拘什么时候老板想叫你就派汽车来接。大半年后，经申请，老板恩准把公司辖下的联华公寓内锅炉房楼上的一间小屋给方莹使用。由此，我于 1943 年春从扬州来上海与方莹相聚。记得我到沪的那天晚上，时候已不早，我们已睡下，忽然楼下响起汽车喇叭声，方莹一听知道这是老板叫他，马上起来随车前去老板家。时间已经过去将近七十年，每一回想，那汽车喇叭声仿佛就在耳畔。在老板眼里我们不是有独立人格的个人，而是他的“帮闲”。春节本是令人向往的日子，但我们怕过节，因为春节我们得去老板家拜年，凑热闹，也就是“帮闲”。我的角色是陪老板家的亲眷打麻将。我没心思、也不爱打麻将，但得假装乐意。我活脱脱地就和曹禺笔下《日出》中李石清老婆一样，内心苦恼，还怕输钱。

盼星星盼月亮，1945 年盼来抗日战争的胜利，国民党政府回来了。1946 年年初，方莹经我二哥的同学介绍，辞去联华房地产公司的工作，去南京粮食部的长江粮食储运公司工作。我随后也去了南京。只半年，储运公司突告撤销，人员遣散。方莹又面临失业，我们惶惶不安。幸得原圣约翰大学同学透露消息，知上海中国银行将招考一批新行员。方莹风尘仆仆多次往返于上海南京之间。经过严格考试，终被录取。在正式进行前，行方要方莹写下字据，保证不向银行要宿舍。方莹再次向其父工作过的大陆银行借得一席铺位，解决了他个人的住宿问题。10 月方莹正式进中国银行工作。我则由南京回到扬州。直到 1947 年春夏之际，方莹向其表兄李宝仁借了一两黄金在上海老城区南市租赁了一间简陋的住房，我们才又相聚。抗战胜利后，国民党不顾人民的愿望，1946 年 6 月撕毁《双十协定》，挑起全面内战。国统区物价飞涨，通货恶性膨胀，对于广大人民实行普遍掠夺，老百姓又陷于水深火热之中。如果说，我们以前对国民党认识不清还抱有某些幻想，这时通过事实的教育，我们已对这个政府不抱任何幻想。我们天天阅报，更加关心关乎中国前途命运的解放战争“三大战役”的进展情况。方莹在行内主动参加一些同事（解放后得知是地下党员）发起的抗议签名（具体是抗议什么我已记不得，当时方莹回家也只对我一说而已），和上海解放前夕的“护行产”等活动。伪上海中国银行的大头目们已纷纷逃往香港。黑夜即将过去，曙光就在前面。

三、喜迎解放，党旗指引，为党的事业鞠躬尽力

上海于 1949 年 5 月 25 日解放，6 月中国银行被接管，方莹从此走上革命道路。同年 10 月方莹加入中国共产主义青年团，1950 年 4 月加入中国共产党，焕发第二次青春。他解放后在中

国银行的工作情况我知之甚少，只见他终日忙碌，有时身体不适，甚至发烧仍坚持工作。1951年他患过一次斑疹伤寒就是实在坚持不了才住医院的。记得他出院时身体还很虚弱。那时我们家在中行别业宿舍一栋楼的五层。他爬不上楼，我和老保姆姜大妈想办法，我俩扶着他，借助一只随身带着的板凳，让他爬一层坐在板凳上歇一会儿再爬一层。关于他从事外事活动的情况，我未身临其境，又无文字记载，实无从回忆起。但方莹告诉过我的一件事给我印象很深，至今还记得。那是1964年南汉宸同志率领中国贸促会代表团访问日本一事。那次访问首创了中日之间的民间外交，方莹有幸参加了代表团。代表团去日前，周总理在中南海会见了代表团，作了重要指示，会见后总理设便宴招待了全体成员。方莹近距离晤见了总理，亲聆了总理的教诲，非常高

1973 年 3 月，方莹随耿道明为团长的中国银行代表团访问英国等西欧国家时，在马克思墓前（英国）留影

兴。回家后兴高采烈地向我转述了总理接见情况，我也十分高兴。最近，整理他的遗物，意外发现几份他自书的材料。据他自述，银行被接管后他即由国外部调任人事、干部政治轮训工作，轮训班主任是老区来的冯之光同志，他负责具体日常工作，历时两年。轮训班结束后，他被调任进出口科副科长（未派科长）。1952 年春夏之间，调北京中国银行总行，任营业部副经理，分管苏新（即苏联、东欧社会主义国家的简称）业务和财会，历时四年。1956 年秋改任经济研究科科长，负责国际金融研究工作，其中 1959 年、1960 年兼任外贸信贷科科长，历时约四年。1963 年任国际业务处的科长、副处长，主管西欧、美澳日代理行及贸易结算工作，历时约五年。1971 年第一批从干校调回，5 月份起任国际业务处副处长、处长，主管代理行、支付方式及汇价等工作，以及日本、西欧地区，历时六年半。在此期间他多次随耿道明等行领导出访西欧、亚洲、东非等国，参加了来华访问的一些国家的银行、金融代表团或专家学者的接待及业务洽谈等工作。1979 年参加了解放后新中国的第

1977 年，耿道明率中国银行代表团访问尼泊尔时与尼方会谈，左侧第 3 人为耿道明，第 4 人为方莹

一家海外银行——卢森堡分行的建行工作，并于1979年任卢森堡分行副总经理，主管对外联系、调研及财会等工作，历时三年。他对自己几十年的银行业务工作有以下几点概述：(1) 熟悉国际银行及国际结算；(2) 对第二次世界大战后主要工业国家货币、银行和国际金融市场的发展，国际货币制度及主要国家财政、货币政策的发展等进行了研究、探讨；(3) 熟悉财务会计；(4) 了解外贸信贷。前三项业务能用英语对外商谈、讨论和作会议发言以及用英文拟写有关函电、一般性协议等。

方莹毕业于上海圣约翰大学经济系。关于这个学校我过去不甚了解。近阅《解放日报》所载该校1923届校友周有光老先生写的题为《圣约翰大学的依稀杂忆》一文才知道一些。该文写道：“圣约翰大学是教会学校，但是不仅信教自由，而且思想自由”，注重“培养完备的人格、宽广的知识”，“校园语言用英语，一进学校，就如同到了外国，布告都用英文。课程如自然科学和社会科学等，用外国的英文课本”，学生可以自愿采用“考试无人监考的信任制度，目的是培养人格，培养道德，培养青年自己站起来做人”。这

1979 年 6 月，新中国海外第一家银行机构——中国银行卢森堡分行开业。分行创建人员合影，后排左 3 为方莹

对我国目前社会上的食品作假、考试作弊等现象无疑是个讽刺，也是面镜子。看来，方莹的为人处世和业务能力，除了他自身的修养和努力外，与他所受的教育也是分不开的。方莹逝世后，与他共事多年的柏士珍同志在中国银行内部刊物第十期《老年信箱》上撰写了题为《深切缅怀方莹》一文。该文写道："他和老一代中行人一样，爱行如家，勤勤恳恳，任劳任怨，将自己的一生无私地奉献给了中国银行的壮丽事业。""1965 年方莹同志是中国人民银行小国外局的成员，负责对欧美国家经济、金融的调研工作。"他第一批于 1971 年由干校上调回行，"由于人员少，他承担着繁重的业务工作"，"节假日很少休息"。"他心地善良，为人谦和，对年轻人既爱护有加，又要求严格。""方莹同志英语口语流利，汉语文字幽雅，可用中英文说出多种花名、菜名，以及其中的一些典故，洋人听后频频点头，赞不绝口。”“方莹同志除了白天参加活动外，每天晚上还和叶绪华同志一起撰写‘外事活动简报’，无论多晚，从不过夜。”等等，等等。这里，不乏柏士珍同志对方莹的溢美赞誉。行内有不少同志对方莹也有类似的褒奖之词。这是同志们对他的厚爱。方莹在诸多工作和政治运动中也都有上佳表现。他较能贯彻党和国家的政策，其中包括党的统战政策；在外事活动中注意请示报告和遵守外事纪律；从未以权谋私和向党伸手。党的十一届三中全会前，中国银行内部风浪叠起，他能按党的政策办事，在历次政治运动中不随风倒，坚持实事求是，无愧于心。

1982 年方莹从卢森堡分行调回国后，未再担任具体的行政工作，而是参加了一些会议和讲课。1984 年主要活动有：去印度参加世界银行举

1983 年 12 月 9 日，邓小平会见美国雷曼兄弟公司高级顾问施莱辛格（前左 5）、霍尔布鲁克（前右 2）。中方接待人员参加合影，后排右 3 为方莹

办的资源开发与银行融资座谈会；去曼谷出席联合国亚太区经社会召集的货币金融合作会议；去上海参加总行人事部召开的培训中心会议；5 月和 10 月在北京小红门培训中心为总行举办的管理班讲过两次课。1985 年 4 月总行领导大会通报中行办理离退休精神，散会后方莹即去干部处

填表申请退休。1985 年年底左右，他以享有副总经理待遇的高级经济师身份正式退休。在此以前，方莹被武汉大学聘为客座教授，1985 年 4 月 22 日至 5 月 17 日在武大经济系为学生大堂讲课 12 次。此外，为 3 名硕士研究生写推荐信和参加他们的答辩会。根据他当时日记记述，其时武汉阴雨连绵，气候闷热，他汗流浃背地紧张备课，争分夺秒，上课时一口气讲两三个小时，人甚感疲惫。此情此景充分展示了他一贯地不辞辛劳、认真负责、精益求精的工作态度和精神风貌。

方莹在 1985 年退休前和退休后还担任了石化公司的金融顾问。与此同时，1985 年年底至 1989 年年初方莹在厦门担任香港中银集团的厦门集友银行的顾问，参与了厦门行的创办和日常业务的领导工作。在该行工作的后期，约在

1988年5月至1989年1月为该行新录用行员讲授包括会计、保险等内容的金融课程多次。他在1989年1月5日的日记中写道：“晨8时，力疾将保险章讲完，在集友任务于焉告终。”回京后又在中国民族国际信托投资公司任顾问，约四年多。1995年以后因健康原因，未再参加工作。方莹为党的国际金融、国际银行事业鞠躬尽力四十余年，无愧于共产党员称号，无憾无悔地度过了平凡而有尊严的一生。

解放后，在党的教育、培养下，我从家庭妇女成长为中国共产党党员、国家干部，为党的出版事业兢兢业业，努力工作近四十年。我的每一点进步都是和方莹对我的支持、鼓励、帮助分不开的。我和他既是患难与共、荣辱同享的人生伴侣，又是相互依扶的诤诤至友。如果有来生，我愿与他再续前缘，以偿今生未尽的情谊。

第四篇

没有党就没有我的今天

1986 年 5 月，我随中国出版代表团出访波兰

1937年抗日战争爆发，我由家乡淮安经徐州、汉口到达重庆，于1938年夏进四川合川国立二中学习。翌年6月离开合川，从重庆经贵州到达昆明，继续在同济大学附中学习。1939年夏考进同济大学医学院学习。第二年夏，不幸突然降临，我患上了当时视为绝症的肺结核。病势迅猛，我不得不辍学回上海父亲处养病。病情时好时坏，我心灰意冷，做个治病救人医生的志向是想也不要想了，自食其力似乎还可做到，此愿望始终未放弃。

正是这“自食其力”的愿望多年来支撑着我为实现有尊严人格、独立经济、有机会施展智慧和能力的梦想而不断追求、不懈努力。在日据时期，迫于形势不得不放弃过。1945年抗战胜利，我满心欢喜，幻想国民党会顺应民心民意，重建家园，而广揽愿为国效力的人，乃通过已联系上的二哥，弄来一封介绍信，让我去上海的某座大厦找什么衙门（或许是什么公司，已记不得），投书自荐谋职，接待人只让我把信留下，回去听信，什么话都没说。从此再无下文。以后，连空跑一趟的机会也没有。1947～1948 年间，我肺病复发，病卧在床，愿望再次放弃。随着解放战争“三大战役”的结束，解放军陈兵百万于长江北岸，上海解放已指日可待。我从对共产党“不劳动不得食”的模糊认识出发，渴望自己一直未能实现的“自食其力”的愿望，在新社会能够得到实现。我也意识到要实现这个愿望自己要创造条件，首先我必须从床上坐起来，下床练习走路。由于卧床日久，体力极骤衰退，双腿软弱无力，一开始只能在室内扶着桌椅慢慢挪步，我每天坚持练习，逐渐加大活动量，到上海解放前夕我已能和正常人一样自由活动了。我内心无比欣喜，精神力量、毅力战胜了生理上的惰性。在整个练习、锻炼的全过程中我的丈夫方莹赞同我的决定、支持我的努力，是我不可或缺的力量。我在克服了身体上生理上的不利条件后，接着就考虑如何学点“自食其力”（那时还不知道“为人民服务”这个词）的本事。我过去学过英语、德语，虽然都已丢弃不用，但对学习外语还多少有些经验。而且意识到苏联是第一个社会主义国家，新中国成立后需要借鉴苏联建设社会主义的经验，一定需要翻译苏联各方面书籍的人才，我有心学俄语。

上海是 1949 年 5 月 25 日解放的。我当时尚未意识到这一天会是我人生道路上的转折点，会从此使我近十年的贫病、屈辱、失落的家庭妇女生涯宣告结束。那时我们已从南市搬进市区，住进原上海中国银行经理（已逃往香港）的豪宅，和另一位同事分别占有楼下的客厅和餐厅。解放军进市区的那一天，我和上海很多市民一起，站在住家附近的马路两旁，欣喜地观看威武雄壮的解放军井然有序地行进在马路上。晚上外出，看见解放军露宿街头，不进民宅，心想世上哪有这样纪律严明、毫不扰民的军队，更增添了对解放军的爱戴。我们主动邀请驻扎在附近马路上的解放军住到我们客厅门前的阳台上来，虽然阳台没有门，但比露天强多了。解放军同志住到部队有了营房才搬走。后来，解放军同志还邀请方莹去他们营房做客，军民融洽犹如一家人。我们与党以及与党的军队好似有着天然的亲和力。

上海一解放，我就按照以前的考虑开始学俄语，这是我参加革命工作的第一步。两年后，1951 年 9 月经考核我进了华东人民出版社（上海人民出版社的前身），从事俄文编辑、翻译工作。上班的第一天我脱下旗袍，穿上列宁装，内心的激动与喜悦难以言表。1952 年春夏之交，方莹调北京中国银行总行。我也通过组织于同年 9 月调来北京，进人民出版社国际问题编辑室担任编辑工作。1957 年中央决定将人民出版社国际问题编辑室与由沪迁京的《世界知识》杂志编辑室，合并成立世界知识出版社，归外交部领导。“文化大革命”开始后，出版社停止出书、出杂志，1969 年除几个留守人员外全部下放干校。1973 年我从外交部干校调进国家出版局，又回归文化部系统，1989 年退休。

我自参加工作以来，政治上要求进步，工作上勤奋努力，积极响应和参加党的号召及活动，以党员标准要求自己，积极争取入党。经过党的教育、培养，1956 年 7 月 13 日我被批准加入中国共产党，成为一名光荣的共产党党员。从此我工作更有动力，为党的出版事业做了一些工作。其中，有的工作是我深以为荣的。例如，1962年、1963年间国际共运展开大辩论，中宣部编辑出版了一份内部刊物，名为《外国政治学术书籍编辑出版工作简报》，登载就一些外国书籍写出的有分量、有分析的审读报告，供中央领导同志参阅。中宣部出版局牵头，向几家中央级出版社分配任务，世界知识出版社是其中之一。世界知识出版社领导指令我联系中宣部，接受任务和参加有关会议。《简报》出了多期，得到中央和各方好评。“文化大革命”中，《简报》被批为大毒草（《简报》主要负责人包之静同志还因此受迫害），从此停刊。1975年，国家出版局领导小组决定办个类似此前中宣部《简报》的内部刊物，定名为《外国书籍翻译简报》，办刊宗旨也是向中央领导同志介绍外国书籍的出版情况。局领导指令我参与此项工作，刊物一共出了 21 期，后也因故停刊。我能参加这两项工作是党对我的信任和培养，是我的莫大荣幸。是党把我这样一个在旧社会求职无门又不甘消沉的家庭妇女，培养成为共产党员、国家干部，没有党就没有我的今天。

如今我已年老退休，已不能为党做多少工作。但退休不等于落幕，作为共产党员，更永远没有落幕之说。我当时刻记住入党誓言，加强党性修养，永葆共产党员的先进性，活一天为党效力一天，哪怕是些微不足道的点滴小事，只要有利于党的事业，做了就是尽到了一个共产党员的责任。我决心为共产主义美好事业、为建设中国特色社会主义、为中华民族的伟大复兴而奋发向上，极尽绵薄之力，直到生命的最后一天。

第五篇

对表姐曹凤桐的深情怀念

表姐晚年照，时间约在 20 世纪 90 年代

我的母亲有姐妹三人，我母亲是老大。二姨、三姨出嫁后都随姨父去了外地。二姨父名曹敏士，抗战爆发时任济南大陆银行经理。二姨母随姨父一直住在济南。姨父在家乡置有一所房屋，所以姨母等常回淮安。我对二姨母有较深刻的印象。而对三姨母则一点印象都没有，可能三姨母随三姨父去了天津后压根儿就未回来过。

在我小小年纪的记忆中，觉得二姨母比我母亲漂亮，穿着打扮和家乡的妇女也不一样。姨母头发光亮，脑后挽着个横S形的髻，看上去既美观又端庄。姨母只生了一个女儿，即凤桐表姐。表姐比我大七岁。她有着高挑的身材，相貌清秀端正，为人和蔼可亲，把我这个小表妹视为亲妹妹，我也喜欢和她在一起。记得冷天姨母和表姐来我们家时身上都披着一块又长又宽的毛线披风，这在淮安未曾见过。姨母披风宝蓝色，表姐披风紫红色，鲜艳夺目，我见了眼睛为之一亮。披风是姨母、表姐自己亲手织的。我不由想学织毛线活，盼望哪天我也能为自己织一块这么美丽的披风。于是央求表姐教我织毛活。她见我年纪小，只教我织毛线袜。我对织毛线活觉得新奇，兴趣浓厚。此后，我为自己和家人织了好多双毛袜、线袜。

姨父母只有表姐这个独生女，十分疼爱，竟疼爱到不放心表姐离开家去上正规学校。表姐粗通文墨，估计也是请人来家教的。以姨父的经济状况，培养表姐上好的中学、大学都不成问题。表姐很聪明，如走出家门，出外求学，定有成就。可惜表姐的美好前途竟被姨父姨母的过分钟爱而耽误了。表姐在姨父姨母身边逐渐长大，到了谈婚论嫁的年龄，姨父姨母又舍不得让她嫁出去。表姐夫也是淮安人，是个姓戴的老太太（和我母亲常来往，是个正经人，不是走江湖的媒婆）做的媒。订婚后表姐夫前往济南和表姐结婚，然后就留在济南大陆银行工作，和姨父、姨母一同生活。两个素不相识的年轻人，通过父母之命、媒妁之言就这么成为夫妻了。这时已是民国，很多年轻人已不吃这一套。表姐结婚没几

表姐及女吕菊倩和孙儿，时间约在 20 世纪 90 年代

年，表姐夫不幸染上肺病，日益加重，表姐夫的哥哥来济南接表姐夫回淮安，乃叶落归根之意。表姐夫走前不久表姐生下一女，即吕菊倩。表姐夫离开济南时表姐还在月子里，是偷偷地走的。姨母曾向我母亲叙述了表姐夫走时的情景。我在旁听到一些。姨母说，表姐夫在表姐卧室门外窥看了一会儿，欣喜地对身边人说："我看见她了"，这是生死永别的呐喊，是令听者难以忘却的呜咽。也正因此我至今仍一字不差地记得这几个字。表姐夫回到淮安，没过多久即逝世。表姐知道表姐夫死讯后，身体一复元，即携带新生的女儿回淮安奔丧。这次，我见到的姨母、表姐和以前所见大不一样。表姐一身孝服，神情哀伤凄惶；特别是姨母怀抱刚两三个月大的外孙女也是一身素衣、素鞋帽。当时这三代人的景况谁见了都心酸不已。表姐是旧礼教、旧观念的受害者。

对于她的不幸我内心一直为她浩叹和惋惜。

表姐夫死后表姐青年守寡，未再嫁人。终身侍奉父母，养老送终；哺育稚女，培养成人。新中国成立后，表姐一面照顾家中的老小，一面凭着她的心灵手巧，进了街道办的服装厂，成为一名真正意义上的劳动者。姨父因年老未再出来做事，表姐承担起家中顶梁柱的重任。1954 年我出差经过济南，曾去看望姨父姨母，我去时表姐尚未下班，姨父姨母留我等表姐回来一同吃饭，姨父为招待我还特地出去买熟食菜肴。姨母谆谆询问我的两个哥哥的情况，那时“三反”、“五反”运动刚过，她年老、不了解外面情况，一再追问我们有未受到影响。当我告知她我们均未受影响时，她呈现出很欣慰的样子。中午，表姐由厂里回来，菊倩由学校回来吃午饭，和我相见。多年不见，彼此都有说不出的高兴。这次别后我和姨母一家未再晤面。姨父姨母年迈，疏于联系的责任在我。1988 年，陈斌去济南出差，在邃妹关照下，他找到姨父姨母的住地。我们和曹大姐母女才续上联系，也才得知姨父姨母已相继故世。1944 年我父亲去世后，姨母一家热情接待邃妹去济南和他们一同生活了两年多。姨母一家有恩于我，姨父姨母活着时我未回报一二，深感愧疚。

姨父母去世后，曹大姐随女儿吕菊倩生活。菊倩在一家工厂担任财会工作，现已退休。工厂效益不好，曹大姐和菊倩的退休金、医药费报销款常常不能按时拿到。菊倩的爱人又不幸于 20 世纪 80 年代后期因病逝世。菊倩的一儿一女都很早进了国营工厂工作，改革开放以来国营企业变动很大，菊倩的儿子下岗等待再就业，女儿工厂效益差，收入受影响。总之，曹大姐一家的经济状况不很宽裕。我们得知后，二哥从 1993 年开始，我从 1996 年开始不时给予曹大姐家一些资助，聊表我们对姨母一家的感恩心情。与此同时，曹大姐对我的记挂、想念之情，也令我感动不已。比如，在连我自己都不记得的我阴历生日的当天，常会接到菊倩打来的祝贺我生日的电话，原来是曹大姐记得我的阴历生日日期，叫菊倩打电话来。又比如，有几年春节前曹大姐会把淮安亲戚寄给她享用的、她所喜爱的淮安特色炒米匀出一些转寄给我，让我与她一起分享家乡风味吃食。再比如，她盼望我多给她去信，她不喜欢电话，认为见信才如见人。菊倩几次来信提到表姐的这个愿望，大姐在世时我虽尽量常写信去，但因疏懒，嫌不够。曹大姐已于 2004 年去世，同辈人中再无人盼我去信了。

曹大姐身体一向很好，90 岁前还能干家务。

据菊倩来信讲，大姐 2000 年 9 月摔了一跤，卧床养了些时，腰仍痛。之后，身体状况日益下降，2003 年年初开始不能干家务，只能在屋内扶着桌椅行走；到 2004 年年初情况更不好，自己不知道大小便，双腿不能站立，延至同年 12 月 7 日溘然去世，享年 91 岁。曹大姐一生坎坷，艰辛备尝，但不气馁，坚强地生活着。我一直敬重她。我和她的女儿吕菊倩时常通电话，未断联系。我将像大姐在世时一样，以适当形式尽微薄之力资助她度过生活上的困难，以之回报姨母恩情。大姐，你安息吧！

第六篇

琐忆方莹的家世

我和方莹家人及其亲友相识晚、接触时间短、来往少，这里所写的只是一鳞半爪的回忆，且很零碎，仅供有兴趣了解我和方莹人生轨迹的某些亲朋故旧浏览参考而已。

一、方莹祖父其人其事

方莹祖籍仪征，从祖父起才移居扬州。祖父名方伯，晚清时在扬州县衙门做过事。家道中等偏上。在扬州乡下置有田地，据说是祖父为一个大财东开垦荒滩时财东付给的酬劳。1941 年年底方莹父亲投机失败，为偿还挪用大陆银行的款项，这片田地除留极少部分外已全部售出。留下的少部分祖父也陆续出售供日常生活用，到 1948 年祖父去世时大概已售罄。我们未与闻。

祖父的扬州寓所为彩衣街弥陀巷 1 号，房屋是租来的，一租就是几十年，未挪过窝。方莹从由济南（方莹父亲时在济南大陆银行工作，方莹母亲携两个儿子同去）回扬就读小学起就和祖父母同住在这幢房子里。我 1941 年年底至 1943 年春在扬期间也居于此，对此处房屋有较深印象。宅院有居室两进。后进为正房，三开间，东西两厢为带有龙爪（是有别于淮安的一种居室格式，从厢房正面沿外墙向前延伸一段，在延伸部分向天井的一侧装上大玻璃窗，摆上书桌或床铺，不啻又是一间房，很适用）的卧室，当中是堂屋。堂屋面积很大，东西两边放置了两张硕大的八仙桌和椅、凳，沿着北墙一溜到头放置了一堂大立柜，柜上摆放供奉祖先牌位的佛龛、香炉烛台等应景物件。屋内还放置了盛放食品、餐具的橱柜等。余下的空间仍不少。前进格局和后进几乎一样，只中间堂屋，因兼作穿堂过道，故布置简单。前后进之间有宽敞的大天井。大天井的西侧有一个小天井，厨房就建在小天井的北首。前进也有个宽敞的天井，出天井向西也有一个小天井，大门就开在小天井的西边。在这个小天井的北边有间放置杂物的堆房，门开在后进的小天井内。大门平常关闭不开，出入通过后进大天井东侧的旁门。旁门外面是旌德会馆的火巷，火巷两边有几座属于会馆的房屋，有住户。火巷内有口水井，火巷两侧的住户（包括方家）都从这口井汲水。井边常有人，大家朝夕相见，有事互相帮助。我在扬和这些邻居也时有接触。

祖父对方莹这个孙子十分钟爱，方莹也很争气，从小到大在学校学习成绩一直名列前茅，亲友交相赞誉，祖父喜在心头乐在脸上。可能是“爱屋及乌”，我来扬后祖父对我也很爱护。不久，他竟把家中的家用账和日常费用的周转金交给我掌管。扬州那时在日伪占领下，百业凋敝，绝大多数老百姓生活都很困难。方家由于方莹父亲丢掉工作，没有进项，仅靠祖父售田款维持生活，经济也不宽裕，日常伙食是一干两稀，经过我手的钱有限得很。但祖父这样使用我，显现他看人的敏锐性，也展示他当年工作时的知人善任。他在待人接物上存在一定的局限性。例如，他和方莹母亲由于积怨久，关系迄未改善，他未作出自己这方面的努力。我刚去扬州时方莹母亲还住在郭村娘家，及至方莹父亲处理完上海未了事情回到扬州，方母才从郭村回来。之后，祖父和方莹母亲时有摩擦，关系很紧张。最后，方莹母亲食宿都在前进，不到后进来。直到方莹父亲在南京一个钱庄找到一份工作，方母随之同去南京，矛盾才不了了之。1943 年春，方莹在上海有了一间小屋，我也离开扬州。扬寓又恢复到只有祖父、方莹弟弟和老保姆三人的清静状态。1946年方莹考进上海中国银行，行方明文声明不考虑新录用行员的住宿问题，我又回到扬州祖父处。直到1947年春方莹在上海南市租赁了一间陋室，我才再次来到上海。我两次回扬州和祖父一起生活，前后加起来约一年半。

由于相处时间短暂，特别是由于我是小辈，关于祖父的过去不便多问，因此我对他过去具体做过什么事不甚了解，方莹也未向我细说过（或许他也不清楚）。仅凭直觉，我感到祖父我见到时虽已年老，但精明、干练外露，作为老家长，还不是那种滥施严威、蛮不讲理的人。他日常除和来访的亲戚朋友聊聊天外，就是有时看看家中的线装书或是欣赏欣赏家中的藏画，午饭后去富春茶社听书、喝茶、会友，吃点包子之类的点心，趁天不黑回家来，生活平静有规律。我在扬那些日子也过得很宁静，每日练练字，看看家中的藏书，极少外出串门、走亲戚，对养病大有好处。

关于祖父的身世，据他自述，他有三个姐姐、两个妹妹。祖父常转述老辈人的话："家有五女贼不偷"、"五女十一个贼"。我不懂，祖父解释说："五个女儿、五个女婿，加上丈母娘不正好是十一个贼嘛！""这样的人家必然穷得连贼都不屑光顾。"在封建社会妇女在家庭中竟然处于如此卑贱的地位。祖父说这个比喻有沾沾自喜，炫耀自己在家中处于举足轻重地位的意思。他要赡养父母，还要照顾五个姐妹。祖父的大姐嫁给一个姓茅的人，什么出身、干什么的，祖父均未说，只说死得早，丢下寡妻、一女和一个养子。孤儿寡母靠什么生活，祖父也没说。只听祖父说有次去大姐家，发现厨房抹布竟洁净得滴油不沾，大姐家生活之清贫可想而知。为此，他将大姐的女儿接到自己家，和自己女儿一样对待，一样陪送出嫁。这个外甥女婿就是扬州知名的富春茶社的老板陈步云。祖父二姐嫁给一个姓薛的秀才，以教蒙馆为生。他省吃俭用，居然置下一处房产。1941 年我在扬时见过这处房屋，因年久失修，已甚为破败。我父亲 1942 年来扬，即在此租住了一间房。祖父三姐的夫家姓王，我在扬未见过王家的后人。但常听家人说起三姑老太的一些往事，想象得出三姑老太是个爱回娘家唠叨没完、相当有个性的老太太。祖父的四妹嫁后随丈夫去了外地，音讯杳无。祖父的五妹未出嫁，隐隐约约听说似乎未善终。

祖父元配贾氏生一子（即方莹父亲）、一女。贾氏祖母逝世后，祖父继娶张氏，生一子，幼年夭折。张氏祖母于抗战爆发前因伤寒病而逝。

二、对方莹父母、姑父姑母和一姐一弟的回忆和怀念

方莹父亲名方栋，字辅卿，年轻时上的是商业学校，毕业后进北京北通州中国银行工作。1989年，方莹在家中发现其父1915年工整书写的银行实习日记。其后，方莹父亲通过商业学校的谈丹崖老师转到济南大陆银行工作，和我二姨父曹敏士是同事，且同住在一个宅院里。方莹曾向我谈起他那时在济南的一些趣事。我姨父姨母没有儿子，对方莹很喜爱，方莹常去姨父家玩。每当去了曹家，有人问他姓什么，他会答道："姓曹方"；回到自己家，有人问他姓什么，他会答道："姓方曹"。稚童的机敏口吻跃然纸上。今日忆及，不禁悲从中来，恍如隔世。方莹父亲继

方莹父亲方辅卿

方莹母亲程德华

而由济南转到南京大陆银行，任副经理，抗战爆发后转到上海大陆银行（或仍叫南京大陆银行，不悉）。因投机失败，挪用的行款后虽足数偿还，但仍丢掉工作。1941 年以后他辗转在上海、南京几个小钱庄待过，时间都不长。新中国成立后未再工作，一直住在扬州。1960 年方莹母亲去世后，他来京与我们同住。1961 年因尿毒症不治逝世。其时，方莹正住在医院做切除一只肾脏的大手术，我瞒着他在中国银行同事的帮助下，料理了父亲的后事。方莹出院后，我才告知他父亲的死讯。他身体基本恢复后，我陪他同去八宝山骨灰堂拜祭父亲亡灵。1972 年 4 月 16 日，方莹至老山骨灰堂将父亲的骨灰深葬于八宝山后山，其时我尚在干校。“文革”浩劫，百事俱废，父亲逝世十年才入土为安，我们作为人子也才稍觉心安。

方莹母亲名程德华，出身于扬州郭村的大户人家，粗通文字，能写简单信。方莹母亲的娘家人我只见过她的侄女程实夫、侄婿宋时中，彼此不熟悉。1942 年我在扬州时，表姐夫因事进城，来看望方莹祖父，和我见过面，还送了我一瓶家酿的蜂蜜，后未再见过。

1959 年，方莹从山东平原下放返京携原养子回扬州探亲与父母合影

我和方莹母亲相处时间不足一年，那是1941年沪寓尚未解体时。坦白地说，我对她是尊而不亲，她对我也谈不上“亲切”。1952年我调来北京前专门回扬向两位老人告别，在家住了几天，曾同去瘦西湖等地游玩，那次晤面才有点“家人”的感觉。她于1960年因肝病在扬去世。方莹得信后赶回扬州办理了母亲的丧事，计划安排了父亲今后的生活。1989年，方莹在整理书籍时发现母亲亲笔写给我们的一封信，殷切盼望我们回扬看望看望，方莹见信悲伤不已，在存放此信和父亲银行实习日记的大信封上写道：“这是我父（方辅卿）及我母的遗笔。我检点书籍阅及，尤其是先母遗书，不禁恸泣！”方莹去世后我整理他的遗物见到这个信封，也深为悲痛和愧疚。现在自己老了，才体会到老人盼望亲人回家看望的殷切心情。回顾前尘，20世纪五六十年代国家形势动荡不平静，运动频仍，我们身在其中，思想紧绷，工作、学习压力大，是事实，但不能以之成为不常回去看望的借口。我从1952年回扬到1960年母亲去世未再回去过。方莹1959年从山东平原下放回来后，曾去扬州看望过他的父母。他比我做得好。

方莹的姑母名方凤英，是他父亲的胞妹。嫁给扬州一个姓李的世家子弟。姑父名李襄侯，早年上的是技术学校，一直在山东枣庄煤矿搞技术工作，是位技术专家。上海解放前退休来到上海和在上海工作的儿子一家住在一起。姑父为人正直诚笃，对晚辈爱护有加，我们在沪时常去看望姑父姑母，他对我们热情接待，虽不苟言笑，但给人亲切感。姑母和方莹母亲感情不很好，但对方莹这个侄子则甚为钟爱，有事爱和方莹谈，方莹也很关爱姑母。姑父业余爱好画画，退休后

方莹姑母方凤英

常为里弄做些写写、画画的有益事情。1974年6月姑父逝世时，里弄支部还在火葬场为姑父开了追悼会，表达了对姑父这样的老知识分子的敬意。姑母和姑父感情深厚，姑父死后姑母给我们来信说："你姑父死，我痛不欲生"，"我一时想不开，时刻想念他一生对我的好处，我四天四夜不能安睡"。两年后，1976年9月姑母因心脏病而逝。

方莹有一姐一弟。姐姐名方珠，比方莹大七岁，未上过正规学校，粗通文墨。不到二十岁就结婚了。姐夫名王福鼎，原在上海一个学校读书，未等毕业就回扬接手经营扬州一家相当有名的酱园。姐夫家有寡母和尚未出嫁的妹妹。珠姐嫁过去要和婆母及小姑子处好关系相当不易。姐夫身处商业圈，未能免俗，养有外室。我1941年到扬州后听家人说起这些情况，对珠姐深表同情，觉得她活得太不容易了，明知丈夫有外遇，但自己经济不独立，还不得不仰人鼻息。终于，在1947年年底前后因难产、大出血而悲惨辞世，年纪才三十几岁。珠姐的一生是许许多多被旧社会吞噬的、迷失自我的弱女子的缩影。我对珠姐是既怀念，又为她憾憾不平！

方莹还有一胞弟，名方瑚，比我小一岁。自幼患有癫痫病，因此未认真上过学。在南京和方莹父母生活在一起时，曾请中西医诊治过病，苦无效果。后来回到扬州和祖父一起生活，就未再

方莹姐方珠及女海琳

看过医生。我1941年在扬州曾和他一同生活过一段时间。那时他已二十多岁，终日无所事事。家中人曾打算让他学中医，但未正式延请老师，

方莹弟方瑚

靠自学阅读点中医书籍，没有长远计划，有听其自然的趋向。他睡在祖父房间龙爪内的小床上，夜里发病，祖父听得见，但无能为力，唯有听其病发后昏昏睡去，情殊可悯。平常不发病时他也懒懒散散地一点不像年轻人。他很不幸，痼疾缠身，生活没有目标，过一天算一天。平地一声惊雷，扬州

解放了。他因读过一些中医书籍，新社会因材施用，吸收他参加兽医工作，他欣喜地写信告诉我们这个讯息。我们也很为他高兴。不想他突然染上肺炎，竟很快逝世。他终生未婚，也未留下任何事迹。作为兄嫂，我们时常想念这个早早凋谢的病弱弟弟。1989 年，方莹无意中发现他的手书小楷《星录书词》，乃和父亲的银行实习日记及母亲的遗书珍藏在一起，留作纪念。现在方莹已故世，我义不容辞当活一天妥善保存一天。

三、　对儿家至亲和两位堂弟的杂忆和思念

关于外甥。方莹姐姐育有四子二女。四个儿子分别名为海平、海涛、海煦、海容，两个女儿名为海琳、海涵。由于我和方莹一直在上海、北

京工作。方莹还时常去国外出差，1979～1982年又外派卢森堡三年，因而我们和外甥们相聚时日极少。内心也常想回去看看。但在职时身不由己，退休后又年老力衰，惮于旅途劳累终未成行。方莹退休前1982年由卢森堡调回国时，趁有14天休假期，曾于5月间回扬一趟，与海平、海煦、海容及其子女晤面、聚会，同游瘦西湖等。1992年6月他陪香港朋友南方游，在扬前后停留三天，和诸外甥再一次晤面。他两次回扬，舅甥欢聚，甚为愉悦。远在广西的海琳，除电话联系外，于1998年5月经扬州前来北京，和我们愉快地见了面。方莹在5月18日日记中曾有记载："海涛、海煦、海琳三人自长辛店来，途中走两小时，于九时许到达。我们仅有的一张珠姐遗影内的小女孩即海琳。"我趁海琳尚留京未离开，赶将这张照片送到图片社放大、加印多

1992 年，方莹在扬州与王海容夫妇合影

张，分赠诸外甥。

海煦、海容未退休前每出差来京办事、开会或参加其他活动都来看望我们。下面几件事至今记忆深刻、清晰。1976 年 7 月海容来京旅游，25 日晚海涛带他来我们三里河寓所。从第二天起他早出晚归，遍游北京名胜古迹。我下班

回来（时方莹又一次下放固安干校，为期一年），不久他也从外面回来，我们同进晚餐，他稍事休息即就寝，因第二日大早还需外出游玩。7 月 28 日晚我们一如往常就寝后，夜间唐山发生大地震，北京有强烈震感，我和海容都被震醒。醒来看见房中的吊灯绳仍在摇晃不停。海容马上跑来喊我。这时同楼的人已纷纷跑到楼外空旷处，我和海容也慌忙从家中跑出。天亮后不敢回屋，匆忙锁上门，带着海容到我单位国家出版局，在大楼外的平房内暂避。在去单位的路上见到不少房屋倒塌，我们原住的报子街宿舍，沿马路的一座房屋，外墙全部剥离，北海公园内白塔的金顶已震掉不见，景况触目惊心。在此惶惶不安的情况下，海容决定提前返扬(原计划 30 日离开北京)。海容和我共同走过的这段惊险经历，今日回忆好像就发生在昨天。1955 年海煦从新疆复员回扬，过京时曾在我们报子街寓所住了几日。他白天外出游览，晚上等我们下班回来，同吃晚饭，共话家常，甚为欢愉。那时我们的住房很小，但彼此的高兴心情不因屋小、住得挤而稍减。这也是海煦和我们盘桓最长的时日。1984 年 8 月，海平之子王萌由后勤工程学院来京实习（体验连队生活），31 日王萌到中国银行见到方莹，由方莹带来我们甘水桥寓所，晚餐后离去，9 月 19 日续来寓，午后离去，即返重庆。方莹对王萌来看望我们，在 8 月 31 日日记中写道："带他到甘水桥晚餐。体貌清秀，我 1982 年 5 月见过，已不记忆矣。"寥寥数语显见其对晚辈的喜爱。1989 年 7 月 20 日，海涛送海容及其子王强来我们甘水桥寓所，因事前未得讯，未做准备，我仓促备餐，菜肴不丰。海容 10 月 28 日来信说："王强见到四本书（系方莹所赠）后非常开心，叫我写信时无论如何表示一下他的谢意。他还说在北京只有在你们这里吃的一顿饭最好吃，最有味。”我们阅信不胜欣慰。而同在北京居住的海涛，则时相晤面。海涛、方莹相继去世后，我和陈玉玲、小玲、小军仍来往不断。追溯我们和海涛夫妇的最初相见那还是 20 世纪 50 年代。海涛和陈玉玲是 1954 年调来北京的。初次见面的当天，我们带他们去前门外“都一处”饭店吃烧卖。这是北京一家颇负盛名的饭庄，只卖烧卖。我们来京后也是第一次光顾。它的烧卖做工精细，皮薄，馅儿有很多样，质量属上乘。几十年过去了，当时的情景还记忆犹新。海涛他们未搬往长辛店前，逢年过节常携子女来我们家共度佳节。他们也常请我们去他们家（苏州街）吃饭。1985 年 9 月 1 日方莹在日记中写道：“到海涛家午餐，小玲夫妇，小军及其新对象均在，冯秉玲恰亦自扬前来。”万万没有想到，海涛竟于2004年1月19日因结肠癌不治而去世，享年不足70岁。哀哉！痛哉！海平病卧经年亦不幸于2010年逝世。同堪一哭！我们和海涵这位外甥女从未谋面，情况只从其兄嫂处略知一二。如上所忆所述，作为舅舅、舅母，我们照顾、关怀他们不够，今日思之深为抱歉！相信人间只要真情在，亲情亦在。

表兄李宝仁是姑母之子，比方莹大一岁，也毕业于上海圣约翰大学。毕业后经同学介绍，进上海中纺公司工作，新中国成立后留任。1957年“反右”时受到不公正待遇，已早平反，现已退休。我们时有联系。他们的儿子李斌、女儿李珍也和我们时通音信，再下一代也有接触。2003年6月29日，李斌之女李洁由国外回来，特来向方莹了解其祖上情况，午饭后始离去，走前还为我和方莹拍照留念。2006年方莹逝世后，表兄表嫂和我联系不断。在我遭遇家庭非常变故时，得到他们一家深情鼓励和劝慰，令我感激不已。表兄表嫂身体都不错，健康状况俱佳，在我心目中他俩是健康长寿的楷模。不想 2011 年 10 月 27 日李斌忽然来电报告噩耗，惊悉表兄于 3 月 9 日因脑溢血、表嫂于 10 月 19 日因心脏衰竭而相继逝世，乍听之下我几乎不相信自己的耳朵，以为不是事实。回首往事，不胜伤感怀念之至！

表叔薛谷丰是祖父二姐的最小的儿子。他有一副热心肠，乐于助人。多年来我们全家没少得到他的帮助。事无巨细，只要找到他，一定热情地尽心尽力地替你办妥办好。1947～1948 年间我肺病复发，方莹写信请他在扬州物色一位可靠的人来沪照顾我。他立即在扬费心地代我们找到许春梅，并亲自送到上海。春梅照顾我直到

1949 年上海解放后，我肺病痊愈才离开我们回扬州。对于春梅照顾我的情谊，我和方莹深为感激。我们每去扬州都去看望她，并以馈赠现金形式表达我们的谢忱。对薛四表叔的热情帮助更永记不忘。薛四表叔限于家庭条件没有进过学堂，没有承袭“秀才”父亲的文化遗产，文化不高，一生从事的大多是行政事务性的、体力多于脑力的工作。先是在李姑父家开的酱园中干过，后来去枣庄煤矿干过较长一段时间。抗日战争爆发后回到扬州，赋闲在家。我 1941 年去扬后，常见他来看望舅舅（方莹祖父），天南地北地陪舅舅聊聊天。他为人豁达乐观，不因家境不宽、生活艰难而消极沮丧。方家的人从祖父到姜大妈，对他的到来都表欢迎。但一到中午留他吃饭，他马上站起来告辞，说明他自尊心很强，并很能体贴别人，他知道方家那时候经济也不宽裕。新中国成立后得政府资助，他把两个儿子培养成才，一个读财经学校，一个读医药学校。现在大表弟薛乃荣在扬州中国银行工作（已退休）；二表弟薛乃扬在扬州县医院工作。1993 年我随侄辈去淮安访问，回程在扬州停留一日，专程去薛四表叔家瞻仰我父亲抗战期间在扬州的最后居所。并邀约薛四表叔和乃荣兄弟同赴富春茶社吃早点。表叔时年过八旬，须发皆白，精神矍铄仍不减当年，不想别后没过几年表叔即病逝。表叔、表婶在世时，每年春节我们常寄点贺金去，聊表我们的心意。

表兄贾惠民，名泽仁，是方莹贾氏祖母的侄孙。我和惠民表兄只见过一面，那是抗战胜利他由重庆回来路过南京时晤见的。当时他还送给我们两幅蜀锦被面。印象中贾表兄是个谦谦君子，关于他的经历等等我知之甚少。新中国成立后，只知道他在蚌埠水利委员会系统工作。他和方莹关系很好，时有书信来往。1978 年 2 月他托同事带给我们二斤麻油（那时北京生活物资尚较为匮乏），令我们感激不已。1981 年他来信说，已于 1978 年退休，让小女儿由农村回来顶替。1985 年 4 月，表嫂周文郁偕子贾如琢来京旅游，我们尽了地主之谊，时表兄已故世。此后和表兄一家未有联系，情况时在念中。

表弟史耀庭是祖父的外甥孙、我们称呼为史大姑母的儿子，亦即薛四表叔的外甥。他长于经商，在各地跑买卖，20 世纪七八十年代常来北京，因而他也常来我们家，后来较少来京，可能是因为年龄关系不再各地奔波了。史表弟最后一次来我们大柳树寓所是 1998 年 5 月 1 日，是偕夫人来北京旅游的。多年未见，相见都很高兴。他时年七十，牙齿仅剩二颗，彼此相见感触颇深。方莹在是日日记中写道："两人俱说'见面不易'，老亲戚剩下已无几人矣。"之后，再未晤见。

堂弟方勤学、方明学是祖父堂侄之子。1941年我在扬时曾见过二伯母、三伯父、三伯母，未见过勤学、明学两弟，知道有这两位堂弟是后来的事。勤学弟年纪轻轻即去李姑父枣庄煤矿，下井采煤，是地地道道的产业工人，几十年一路走下来，最后当了安徽繁昌桃冲铁矿的副矿长。他和方莹时常有书信往

20 世纪 80 年代的方莹堂弟方勤学

1990 年，方莹（左）与堂弟方明学（右）在北京东安市场前

来。1982 年 3 月 2 日他和同事谭君乘飞机来北京（可能是开会），因他们初次来京，我专程去机场接他们，带来我们三里河寓所。想不到他还带来一面粉袋的大米给我们（当时北京细粮还定量供应），千里迢迢携带如此重载，辛苦受累可以想象。永远难忘他的这份深情厚谊。他因长期

在矿井工作，患有矽肺职业病，多方医治无效于1985年8月19日病故，享年仅64岁。

明学弟我是新中国成立后才认识的。他在扬州科协工作，常出差来京。1982年一天傍晚，他前来我们三里河寓所看望我们（时方莹已去卢森堡）。那天适巧家中煤气罐已用空，以致连一杯白开水都未喝，就匆匆离去。1987年方莹在厦门集友银行当顾问，明学弟因公去厦。方莹在11月22日日记中写道："晚饭后，陪方明学去华侨三楼，在绿岛吃冰淇淋、咖啡、点心，他买了桂圆、棉花糖。"1990年6月1日方莹日记又记有明学弟来京把晤的情况，写道："下午2时许方明学来，同去王府井，在百货大楼及东安市场门口拍了三张照片。"再后来，他又一次前来我们大柳树寓所（日期已记不清，方莹其时身体已不如前，日记记得不勤），我们同去宿舍附近的烤鸭店吃烤鸭、火锅。就是这次，他送给我们一座螺钿镶嵌扬州五亭桥景色的雕漆插屏，我至今珍藏着。方莹 1982 年、1992 年两次回扬州，都去明学弟家晤聚，我和方莹 1993 年去扬时也曾去他家，因他外出未晤。方莹在世时，每年春节他都来电恭贺。方莹去世后他不忘寡嫂，春节也都来电贺节，我也把他视为方家的亲人之一。近年间，我家中发生非常变故，第一时间我即告知他。方莹同宗同辈兄弟中目前仅剩明学弟一人。人世沧桑，祝福他保重身体，健康长寿。

拉拉杂杂写了许多。鉴于我进入方氏家族圈晚，与各方面的接触少，所以由我来写方莹家世必然是挂一漏万，甚至有误。现以方莹的一则日记作为我这篇文字的结束语。方莹在 1996 年 7 月 18 日日记中写道：“过去许多往事，也只能留驻亲人心日间，再过一段时间，并此亦随载体而泯灭。吾祖、吾父、祖母、母亲只我尚能记其仿佛，阿婆（即姜大妈）亦时亘念间。花落水流，人间天上，‘古往今来只如此，牛山何必泪沾衣’，唯有以佛家‘诸法因缘起，缘谢法还灭’之旨善自遣怀耳。”

第七篇

缅怀老保姆姜大妈

1969 年 3 月，我下放山西干校前全家合影。前排：姜大妈，后排左起：我、方莹、原养子

姜大妈是位值得人们敬重的劳动妇女，她忠厚老实，心地善良。在她身上反映了劳动人民的许多优良品德。新中国成立后她一直帮助我们，承担了全部家务劳动。正因为有她这个好后勤，方莹和我才无后顾之忧，把全部精力都用在工作上。她的身世也令人敬佩，很多地方她就和鲁迅笔下《祝福》中祥林嫂的遭际差不多。

姜大妈的为人，我在未见到她以前就听方莹说过。更多了解她是在 1941 年我到扬州和她直接接触以后。那时我肺病还未痊愈，我去到扬州各事需她照顾，她热情地接待了我。我和她同住在后进的西厢房，东厢房为方莹祖父和方瑚弟住。为了便于她照顾祖父，我建议她不要搬到前进厢房去，就和我合睡在西厢房的一张大床上。因此，我们有很多说话的机会。她向我谈了她青年守寡的经过，谈了 1938 年日本侵略军开进扬州县城，方莹祖父等躲到乡下，她自愿留下看家、遭遇日军搜查等惊险情况。了解了这些我内心对她更充满了敬意。

她说，结婚不久丈夫即去世，夫家的人强逼她改嫁，她不情愿，连夜出逃。她迷信地说在她逃走的路上一直有条黑狗在前面引路，她说那是她丈夫的阴魂附在这条狗身上。她逃进扬州城，到了方家。那时，方莹祖父还在外面做事，她主要是负责家务劳动和服侍方莹祖母。祖母和她投缘，她就在方家这么待下去了。祖母健在时，方莹由济南回到扬州，她又多了照看方莹的任务。方莹由小学到高中每天早餐都由她打理。她每天早早起床，为方莹做上一碗乾拌面或热汤面，外加一只或两只鸡蛋，让方莹吃得饱饱地、暖暖和和地去上学。抗日战争爆发，扬州比淮安早些时沦陷。沦陷前县城里的人纷纷躲到乡下去，姜大妈自告奋勇留下不走，替方家看家。她叙述当时的情况说，留下不走的大多是些中老年妇女、一些男人和半大孩子。大家互相照应、互通消息。半大的孩子起了哨兵作用，日本人一有动静，孩子马上通风报信，妇女就赶快藏起来。近在咫尺的旌德会馆，房屋高大幽深，光线暗淡。馆内停放有很多寿材，叠垛得高高的，她们就藏在寿材后面，外面人看不见里面人，里面人能听见外面人说话。就这样躲过了日本人的几次搜查。由于姜大妈不顾个人安危，看家守护，方莹祖父家才完整无损地保存了下来。对于她的这份功劳，方莹祖父等都深为感激。

1948 年方莹祖父去世，姜大妈离开方家。未过多久，扬州、上海相继解放。1951 年我们在上海分到房子，我也参加了工作，乃把姜大妈由扬州接来上海。只一年光景，方莹奉调来京，不久我也调来北京，她又回到扬州。1953 年春我们在北京分到本司胡同中国银行宿舍的两间平房，随即把姜大妈接来北京。此后，我们搬了几次家，她一直跟着我们。直到“文化大革命”，我和方莹先后下放干校，她仍留京看家。1969 年年底林彪一号命令下达，她不得不离京回扬。1971 年 7 月方莹从干校调回北京，在三里河重建家庭，随即将姜大妈接来。两年后，1973 年深秋我由干校调至国家出版局。1974 年 8 月间她提出想回扬州安度晚年，理由之一是我已回京，家中有人照料，理由之二是她怕火葬，北京已明令禁止土葬，扬州还未禁止，因此她想死在扬州。她时年 76 岁，安静、清闲的生活更适合她，为此，我们不好强留她不走。为安她的心，我们郑重地对她说：我们每月汇生活费给她，负责为她养老送终。一诺千金，直到她逝世，我们未打过一丝一毫折扣。她回扬第二个月即汇生活费去。1974 年、1975 年每月汇 20 元(那时我月工资 100 元，这在当时的北京算是高的，因我是编辑级别)，1976 年、1977 年汇 25 元，1978 年起汇 30 元。逢年过节或她患病，则另汇钱去。数目不多，但当时扬州的物价比北京便宜得多。据扬州亲友说此数在扬州一个人食用可以生活得很好。但姜大妈一生节俭，舍不得多吃多用。一位与姜大妈相熟、也是我们好朋友的朱淑华嫂 1980 年 3 月 29 日给我来信说："你和方先生心好，待老婆婆真好，每月寄给她的钱不少，她脑子不开通，把 80 岁的人当年轻人看，想活 100 岁 200 岁哩！每月的钱舍不得用，还要余起来，又相信神，搞迷信，什么吃长素念经，人劝不听"，这时姜大妈患病刚好，朱嫂之言是有感而发。姜大妈为方家几代人操劳一生，我们对她感恩戴德，给她养老送终是我们应做的事。

姜大妈回扬州的住处是朱嫂给安排的。朱嫂是位令人尊敬的旧式妇女，心地非常善良。她遇人不淑，丈夫有外室，她不甘受欺凌，带着一儿一女离开丈夫家，独自生活，靠替人做针线活养活自己和一双儿女。她租住了祖父家前进闲置的东厢房，和方家做了多年邻居。她和姜大妈关系密切，曾非正式地结为干母女。姜大妈回扬后得到她多方面的照顾。

姜大妈在扬州，照顾她的还有她的亲侄女姜长银、长梅姐妹俩和侄儿姜长龙。后者在扬州省水利机电安装工程处工作，时常去外地。长银、长梅照顾姑母多些。姜大妈身体一向不错，回扬后生活自由自便，安静舒适，加之她长年念经信佛，精神有寄托，是安度晚年的极佳氛围。

姜大妈回扬后我们还托外甥王海容常去看望她，尽力之所及照顾她。海容不负我们的托付，有空就去看望她。我们不时给她去信，一有机会就返扬看望她。1978 年 6 月我去苏州开会，20 日会议结束，21 日我由苏州乘火车经镇江去扬州看望她。她见到我非常高兴，我见她身体很好，精神亦佳，步履矫健，一点不像 80 岁的人，也很高兴。她还带我去看望了薛四表叔、表婶，看望了以前照顾过我的许春梅。晚上，我和她同卧一榻，共话离愫，不胜欢愉。我留扬两日，转道南京返回北京，不想这次晤面竟成永诀。1982 年 5 月，方莹趁由卢森堡回国有两周休假之便，专程回扬探望老亲戚。当然，首先是看望姜大妈。5 月 14 日方莹在日记中写道："当晚约晤魏永前（姜长银爱人）、杜关顺（姜长梅爱人）、长银、长梅、朱嫂、海容"共商将来有关姜大妈的后事问题（那时扬州还未禁止土葬，是从打制寿材计议考虑的）。1980 年姜大妈生病时，海容曾代表我们致以慰问，1983 年姜大妈病危及逝世时，海容又曾代表我们去送别。海容在姜大妈死前三天，1983 年 2 月 17 日给我们来信说："除夕（2 月 12 日）我单位已放假，上午近半天时间在老人家那里帮老人弄炉子、烧开水、吃早饭（半个馒头），谈谈说说，情况还好，可是昨天（初四）去时，却发现老人家的情况不太好，吐字不清，不知道说的是什么，但神志还没有模糊，还能知道一些事情，认得人。"3 天后，2 月 20 日即逝世，享年 85 岁。在姜大妈的亲侄儿、亲侄女的安排下，妥帖地办完了丧事，只是没有满足她土葬的心愿。禁止土葬是国家的政策，姜大妈的在天之灵是能予以理解的。

我和姜大妈从素不相识到亲如一家是通过一

件件难忘的事情积淀而成的。1954 年前后，“反胡风集团”运动期间，中国银行政治风云波涛汹涌，方莹莫名其妙地被卷入风浪之中。一天，下班后很晚不见他回家，询问同宿舍的银行同事也无人知情。我坐立不安，焦急万分，姜大妈与我一同被煎熬着。几天后传来信息，让我就某件事写份材料，由我单位人事部门转给中国银行。我马上动手，整整写了一个通宵。我写时姜大妈在旁陪着我。我叫她去睡，不用陪我，因她不睡也使不上劲，估计这一夜她也未睡好。这份材料送走后没几天，方莹又莫名其妙地回来了，害得我们一家三口白白担惊受怕了 20 天。

从 1955 年冬天起，姜大妈在我的极力说服下和我们一起做了一件误把养子当亲生子哺养，到头来事与愿违的傻事。我是咎由自取，怨不得他人，而她却是在我们，特别是我的力劝下为了照顾我们的愿望而勉强接受的。受苦受累最多、付出辛劳最多的是她。我对她深感歉疚！

1972 年 1 月 23 日我由江西干校回京探亲。这是 1969 年礼士胡同的“家”被拆掉后，我第一次真的回“家”探亲，以前几年我和方莹的所谓探亲只是互到对方的干校，干校不是“家”。那天火车晚点，方莹在站台等了好久才接到我。我随他乘公交车回家。这时已万家灯火，到新寓所楼下时他指着一间有灯光的房间对我说那就是我们的家。进门后，看到亮着灯的屋内，姜大妈正坐在桌子旁边做针线活，劫后重逢，不禁有隔世之感，悲喜交加，情景永世难忘。

1973 年 3 月我又一次由干校回京探亲，届时中国银行领导等正为访问英国等西欧国家紧张地做准备，方莹是代表团成员，非常忙碌。

我只有晚上很晚才能见到他。白天我和姜大妈在一起，谈谈说说，相处十分融洽愉快。银行代表团出行在即，某一个白天，方莹抽空回来带我和姜大妈去乘坐北京新开通的交通工具——地铁。我们由礼士路上车，到北京站下车，然后再循原路乘地铁回来，让我们大开了眼界。没两天方莹即随访问团出国去了。我的假期尚未满，又和姜大妈相聚几日才离京。离家那天，和姜大妈一起吃了午饭，她送我到13路公交车三里河东口站，等我上了车她才独自回去。

瞬忽间姜大妈逝世已快三十年，方莹也已故世五年多，昔日的三口之家只剩下我一人，回忆往事，不胜悲怆。我现虽孤身一人，但政府、社会、亲属们给予我很多照顾和关爱，我并不孤独。我自己历经磨难，深深感悟到人的一生虽然漫长，但最值得珍惜的还是当下。我当自尊自强地走完人生旅程，力求每天有点进步，活得健康，活得充实，活得快乐，以之告慰包括姜大妈在内的所有爱护过我、照顾过我的人们。

附　录

业务自传[1]

一、主要业务工作

1. 1951 年我在俄文学习过程中为《时代》杂志译过几篇苏联报刊登载的政论性文章，经许磊然同志（《真正的人》等书的译者，在人民文学出版社工作）校订后发表。1951 年 9 月我进华东人民出版社（上海人民出版社前身）时，曾送去这些文章备查核，译文未退我。

[1]　此业务自传系 1988 年 6 月为申请专业技术职称所撰。1989 年 6 月 26 日我被新闻出版署评定为编审（管理）。

1951～1952年在华东人民出版社期间，先是在编辑部工作，与张惠卿、薛德震同志在同一部门，后调至资料室。资料室领导分派我翻译俄文资料，记得翻译过两本有关地球起源的小册子。1952年调人民出版社时通过组织将这些译稿送人民出版社审阅（时胡绳为社长，王子野同志为实际负责人，人事科长是陶英贤同志），译稿亦未退我。调到人民出版社后，分到四编室（编辑出版国际问题书籍，需用外文），主任为国际问题专家梁纯夫同志（“文化大革命”中逝世），副主任为戴文葆同志。

2. 1952～1956年在四编室工作期间，领导分派我看俄文稿，开始任助理编辑。记得曾编辑加工过一本苏联出版的名为《伟大的苏联》书稿。业余经领导认可曾翻译俄文书《苏赫巴特传》，交稿后编辑室因故（不是译文的缘故）撤销了这个选题，书未出版。

1956年文化部系统评定编辑职称，我被评为8级编辑，1986年普遍调资时，我被提升为7级编辑。

3. 1957年四编室和公私合营后并入人民出版社的《世界知识》杂志编辑室一起从人民出版社分出，成立世界知识出版社，归外交部领导。我分在图书编辑室一组，当时我具体编辑加工书稿不多，实际是搞总编室工作。根据梁纯夫同志（已提升为副总编辑，兼图书编辑室主任）的指派，要我负责发稿、出书计划的制定，书稿发出时经过我，要求我除把技术关外，也把书稿质量关。

4. 1962年出版界老前辈、国际问题专家冯宾符同志（“文化大革命”中逝世），任世界知识出版社社长兼总编辑，正式成立编务组，调我任副组长（无组长），除原来职责外，还承担一些总编辑、副总编辑交办的编辑业务。1962～1963年间国际共运展开大辩论，中宣部出版局包之静同志挂帅，编辑出版一个供中央领导同志参阅的内部刊物，名为《外国政治学术书籍编辑出版工作简报》。该刊物的特点是：机密性强、印数少、散发范围窄。在中宣部出版局成立了一个具体办事机构，由冯修惠同志（由人民出版社借调来）负责，蔡声宁（时为中宣部干部，现在社科院马列所）、沈昌文襄助，向中央几家出版社分配审书任务、组织稿件，世界知识出版社是其中之一。冯宾符同志指令我和冯修惠同志联系并参加有关会议。冯修惠常将从图书馆、研究单位搜集到的外文书籍交有关出版社审阅，或对某本书直接交代，布置审读、写出有分析、有观点的内容介绍的任务。当时交给世界知识出版社看的，英文书居多。大约在1963～1964年间冯修惠给了一本苏联出版的有关和平过渡的俄文书，并要我审阅后写出内容介绍，我按照冯修惠的要求写出了内容介绍。后该文在《简报》上登出了。“文化大革命”中，这个《简报》被批为大毒草，现已无处找寻。近同冯修惠（已离休）、蔡声宁同志联系，他们说如需要的话，可以为我写证明材料。

5. 大约也是在1963年前后，世界知识出版社为配合形势的需要，选编了两本资产阶级政治家丘吉尔、艾森豪威尔、戴高乐、尼赫鲁有关自由、平等、博爱、人道主义的书，内部发行。选材取自原文书（不是从一本两本书中选）和中译本（如有中译本的话）。梁纯夫同志让我参加这项编选工作（参加这项工作的有汪衡、黄季方同志，可能还有别的人已记不起来），我负责编选尼赫鲁的有关言论。尼的著作或演讲集都是英文。我从1958年起在外交部业余学校学习英文，一直未间断，当时已能从原文阅读一般政治书籍。领导让我参加这项工作，是给我检验自己英文学习成果的一个机会，我全力以赴。世界知识出版社"文化大革命"中被破坏严重，所有书稿档案、样书、纸型都被销毁，这两本书现已无法找到（可能什么人手边还有，但我不知道），因是内部读物，世界知识出版社现在编印的公开书目中没有收入这两本书。

6. 在世界知识出版社工作期间，有如上述，具体书稿我编得不多，但全社性的大型图书的编辑加工工作经领导指派我还是参加的，如《世界知识年鉴》（"文化大革命"前每年出一本）我承担了《国际组织、国际会议》栏的部分稿件的编辑任务；《世界知识辞典》，我也参加了部分条目的编辑工作。

7. 在世界知识出版社这段时间内，我业余未搞多少翻译工作，只为一本外国游记书译过几篇文章（英文）和参加《第二次世界大战后国际关系》一书的个别篇章的翻译工作（俄文）。这两本书都是世界知识出版社“文化大革命”前出版的，书也无法查到。我当时受极“左”思潮影响，稿费全部上交，有未署名都很难说，出版社是否给过译者样书也记不起来，即使给过，去干校时，我家的存书绝大部分都已处理掉（我们是全家去干校的）。

8. 我初来（1973 年）出版局出版部时是担任文书工作。许力以同志是主任。当时业务很少，我的工作不多。许力以同志知道我搞过编辑工作，有时交办一些有关业务方面的事。记得曾交给我审读一部关于非洲情况的稿子。十年来，我未看过稿子，未做过编辑工作，接到这个任务时，心情难以描述。我审读后认认真真地写了份审读报告，许力以同志还满意。这份审读报告不知到哪里去了，我常常想到它，因为它是我十年来的第一份。

9. 1975 年，局领导小组责成出版部编辑一个向中央领导同志介绍外国书籍情况的内部刊物。许力以同志亲自领导了这项工作，具体编辑工作由于庆林（组长）、沈仁干和我三人来做。刊物名称定为《外国书籍翻译简报》（铅印），从 1975 年 4 月到 1976 年 9 月共编了二十一期，后根据领导决定停刊。稿件来源有向出版社组来的，也有选好原文书交当时设在商务的翻译组翻译的（肖乾同志译过不少）。我们三人除编辑加工来稿外，也自己看书、编写稿子，有的在《简报》上刊登了，有的未登。我看过商务版《尼克松下台后的美国——多国公司时代》，并写了介绍文章；看过商务版《安瓦尔·萨达特总统回忆录》和《权力中心产生和斗争的历史真相》两书，合并介绍写成一篇名为《埃及同苏美两个超级大国关系的变化》的文章；看过三联版《勃列日涅夫传》和《勃列日涅夫——克里姆林宫的明争暗斗》两书，合并介绍写成一篇名为《两本勃列日涅夫传》的文章；看了商务版《中苏战争》一书并写了介绍文章。

10.“四人帮”垮台后，出版、著作界要求恢复稿酬制度的呼声日高。许力以同志分派我和谢太万、金国宣三人就试行新闻出版稿酬问题进行调查研究。我们查阅了历史资料，开了座谈会，征求有关各方意见。后在调查研究基础上，由我起草了《国家出版局关于新闻出版稿酬及补贴试行办法的请示报告》及《新闻出版稿酬及补贴试行办法》(1977年9月)。经国务院批准实行。

11. 大约在1978年前后，鉴于国外不断有人要求我国参加国际版权公约，局领导决定成立一个小组，对此问题进行些调查研究。小组组长为沈昌文同志，我为副组长，沈仁干、朱希、钟颖科等同志参加此项工作。小组研究讨论了有关版权法(外国的和我国过去草拟过的)的历史资料，并访问了一些单位（如团中央）和个人（如叶君健），在调查研究基础上最后起草了一个关于著作权法（版权法难度更大）的极其原始的材料。后小组宣告解散，我回到出版部。

12. 1980年4月陈翰伯、王惠德、于光远等同志发起组织翻译出版外国政治学术著作。胡耀邦同志表示赞成。1981年1月召开第一次会议，决定成立选目小组，组长定为蔡声宁（社科院马列所），副组长为金作善（人民出版社）和我。

选目小组先后提出并落实三批选目，共 153 种。1985 年此项工作终止，选目小组撤销。我参加此项工作全过程。草拟过《关于现代外国政治学术著作出版工作座谈会的报告》（1982 年）、《关于翻译出版现代外国政治学术著作若干事项请示报告》（1985 年）。

13. 为了加强政治理论读物的出版工作，中宣部出版局和国家出版局决定对优秀通俗政治理论读物进行评奖（名义上为中国出版工作者协会举办）。成立了评奖小组，张稚枫同志任组长，我任副组长，中宣部出版局宋镇铃同志、我局王音同志，人民出版社、中国青年出版社、北京出版社各派一位同志参加小组工作。小组负责审读出版社送来评奖的图书和最后评定获奖书。我参加了全过程工作。曾草拟过《关于第一次全国优秀通俗政治理论读物评奖活动的通知》及《全国优秀通俗政治理论读物评奖办法》(1982年6月)，和《关于第一次全国优秀通俗理论读物评奖活动的补充通知》(1983年1月)。

14. 十一届三中全会后对华国锋问题的图书进行处理。草拟了《关于处理歌颂华国锋同志的图书的补充规定的请示报告》(1982年)和《关于处理歌颂华国锋同志图书问题的请示报告》(1983年)。并审阅了出版社提出拟予处理的图书。

15. 1983年，局领导鉴于知识出版社出书没有章法，出版部领导令我对该社的书籍和出书计划进行些了解。后我写了《对知识出版社出书方向的浅析》一文供局领导参阅。

16. 1985年参加编纂《香港书展书目》，我负责社会科学著作部分。

17. 审读书稿并写出审读报告，在我从事的业务工作中占有比较大的比重，有的审读报告曾得到局领导好评。

1983年审读并写有审读意见的书有《徐懋庸杂文集》。反精神污染时审读并写出审读意见的书有：《我曾是斯大林的秘书》、《让历史来审判》、《苏共野史》、《赫鲁晓夫的执政年代》、《布哈林案件》、《共产主义政权体系》、《图波列夫囚徒设计所》。

1984年审读并写有审读意见或读后感的书有：《风流女皇》、《领导者》、《第三次浪潮》、《大趋势》，对后两本书曾写了《关于〈第三次浪潮〉、〈大趋势〉两书的读后感》一文。

1986年看了将近十本弗洛伊德著作和有关弗洛伊德的书，写了《关于阅读弗洛伊德著作的情况汇报》一文。

1987年审读并写了审读意见的有以下各书

稿:《魔鬼的罗网》、《女大使》、《特殊使命的女人》、《丑陋的美国人》（稿）、《神密的圣火——性的社会史》（稿）、《妇女学》（稿）、《女性心理探幽》（稿）、《现代社会中的性问题》（稿）、《中国人史纲》（稿）、《急剧变化的中国人》（稿）、《毛泽东故事》。

1987 年审阅了中国出版对外贸易总公司拟进口的三批港版书，写了总的审查意见。

1988 年审阅并写出审读意见的有以下书稿：《斯大林秘书回忆录》（稿）、《戈尔巴乔夫传》、《我的奋斗》（稿）、《影都艳妇》、《野性》、《姘居》、《魔鬼的风车》、《销魂时分》、《赌博人生》、《斯大林肃反秘史》。

1988 年审阅了中国出版对外贸易总公司拟进口的一批港台版图书，写了总的审查意见。

二、其他业务工作

1982 年为《出版年鉴》写《通俗政治理论读物出版综述》一文（载 1983 年年鉴）。

1987 年为《出版年鉴》写《中国出版代表团访问波捷》一文（载 1987 年年鉴）。

1986 年开始为《出版年鉴》编辑加工“新书简介”稿，同年起被聘为年鉴特约编辑（现仍续应聘）。

1988 年参加编辑《书刊导报》图书介绍版。

后　记

很久以来，我一直想写篇缅怀我父亲的纪念文章。五年前方莹去世，我走出哀痛的阴影后，也想写一写我和他相知相扶的七十年。近年间，我遭遇了家庭的非常变故，在不断反思和自我救赎中，稍稍感悟人生的真谛，人不是单为自己、为小家庭活着，应当为逝去的亲人，为过去一切关心、支持、教育过自己的人，为现在周围有恩于己的人，为你愿意向其献出绵薄之力的人，好好地活着，这才是生命的价值所在。从这点认识出发，我认真回忆了几十年来我和方莹共同走过的路，他去世后我独自走过的路，欣慰地感到我们是光明磊落、大步向前的。这些足迹折射了我们国家、家庭、个人所经历的磨难和希望，也展现了众多亲人、亲友和同事所给予的关爱、支持和帮助。浮生若梦，人生几何，我应当把这点点足迹留下来，才算没有白来人世上。因此，我下决心写这本书。为了搜索素材，我开启了记忆库，于是一个个鲜活的人和事一一呈现在眼前，令我激动，令我伤怀，足迹也因而更为清晰，思念也因而更为深邃。

在我酝酿和撰写本书的过程中，侄辈们给了我不少启迪和鼓励，在他们的大力支持和多方帮助下，我鼓足勇气，一心一意，克服种种困难，终于写成这本不成样子的小书，了我心愿，也满足了侄辈们的愿望。

我这本书能够顺利付梓，得到老领导刘杲同

志的鼎力帮助，不仅如此，刘杲同志还不吝赐教，欣然命笔为我写序，使我这本小书增色不少。在此特向刘杲同志致以深深的谢意。

在本书那篇缅怀我父亲的文章中，参考、采用了我二哥所写题为《追忆与哀思——对父亲的怀念》一文中的部分内容，特此声明。

沈宝群

2011 年 11 月